미리 쓰는
통일 대한민국에 대한
어두운 회고

이응준의 문장전선

우리가 균열을 내면 빛은 들어오고, 벽은
무너져 내릴 것이다.

미리 쓰는
통일 대한민국에 대한
어두운 회고

이 응 준

반비

책이란 항상 누구에게 헌정되어야 한다. 이것은 대화 상대에 따라 생각을 바꾸기 때문이 아니다. 모든 말은 우리가 알든 모르든 간에 항상 누군가를 향한 것일 수밖에 없기 때문이다. 모든 말은 또한 어느 정도의 존경과 우애, 상당수의 오해에 대한 해명, 잠복해 있는 내용에 대한 초월을 전제한다. 끝으로, 모든 말은 항상 우리의 만남이야말로 진리의 일부분을 드러내는 유일한 길이라는 것을 전제한다. 확실히, 우리는 당파주의자들을 위해서 글을 쓰지 않는다. 아주 우월한 동료들이나 자신에게 도취되어 있는 사람들을 위해 글을 쓰는 것은 더더욱 아니다. 우리는, 죽은 자들을 증인으로 삼는 것이 가능하다면, 기꺼이 여기에 그 이름을 새기고 싶은 친구들을 위해서 글을 쓴다. 그들은 소박한 사람들로서 명성도, 야망도, 정치적 과거도 없었다. 누구든 그들과 허물없이 말할 수 있었다.

—모리스 메를로-퐁티, 『휴머니즘과 폭력: 공산주의 문제에 대한 에세이』에서

역사 안에서 개인은 거의 예외 없이 무기력하다. 자기가 역사를 바꾸고 있다고 착각하면서 세상 모든 골치 아픈 문제들을 홀로 책임지기라도 하는 양 나대는 부류들에게는 더욱 그렇다. 물론 끊임없이 이타적인 가면을 쓴 채 웃기고 울리는 설교를 일삼는 자들 역시 마찬가지다. 정말 그들이 타인의 불행 때문에 가슴이 미어지는 사람들이라면, 지금 그들이 어느 곳에서 잠들고 일어나며 무엇을 먹고 마시는지가 그것을 증명해주어야만 한다. 아마 그들은 혀가 없다 한들 계속 지껄이려 들 것이다. 결국 우리가 절체절명의 위기에 처했을 적에 과연 누가 제 목숨과 영혼을 희생하며 우리의 현재와 미래를 구하는지는 그때에 가봐야 환히 드러나는 법이다. 누가 감히 선한 사마리아인을 자처하는가. 누가 감히 애국자를 자처하고 혁명가를 자처하는가. 인간이 완벽한 모순이듯 역사는 천국이라는 거짓말로도 외면할 수 없는 지옥일 뿐이다. 황금 꽃이 만발한 천년왕국을 건설할 만한 땅은 어디에도 존재한 적 없고 분명 앞으로도 영원히 그러할 것이다. 연민이야 받는 것도 주는 것도 다 싫지만 만일 내가 작가가 아니라 음악가였다면 나는 이런 거추장스러운 자의식이 스며들기 전에 깨끗이 미쳐버리고 말았을 것이다. 솔직히 이제 나는 오로지 장인(匠人)으로서의 가치 말고는 나라는 쓰레기통에게 아무런 희망이 없다. 이것은 솔직한 고백이지 공연한 자학이 아니다. 죽기를 각오하고 오해하려 덤벼든다면 진심이라는 것은 애초에 성립이 불가능할 것이다. 나는 나 자신을 혐오하는 것과 같이 인간의 역사를 비관한다. 그럼에도 불구하고 우리의 인생은 단 한 번뿐이고 그 단 한 번뿐인 수많은 인생들이 모여서 여러 사회와 여러 국가 들을 이루어 한 세계가 빛난다. 아무리 나처럼 비도덕에 물든 탐미주의자라 할지라도 길에서 어린아이들을 물끄러미 보고 있노라면 왠지 미안한 마음이 드는 것은 어쩔 수 없는 노릇이다. 북한 붕괴와 통일 대한민국을 논하고 있는 이 작은 책이 나는 향후 수십 년간 우리에게 벌어질 엄청난 사건들에 대한 치열한 가이드북이자 지혜를 상상해내는 주문(呪文)이 될 수 있다면 좋겠다. 특히 청년들에게 명쾌한 도움이 되기를 간곡히 바라는 것은, 통일 대한민국의 온갖 고통을 아무런 완충 없이 극복한 뒤 그 값진 영광을 누릴 세대 또한 바로 그들인 까닭이다. 당연히 청춘이란 육체의 나이가 아니라 정신의 나이일 터, 작가인 내가 어둡다고 해서 이 책마저 우울한 예언서인 것은 절대 아니다. 미신의 책이 아니라 과학의 책이며 불안이 아니라 용기를 위한 책이며 회피의 책이 아니라 맞서 싸움의 책이다. 인간이 자유에 대한 열정을 잃어버리면 역사는 야만으로 확 휩쓸려 가버린다. 그러지 않기 위해 나는 적어도 내가 문장으로 해야 할 일들은 다 하였노라고 먼 훗날 나 자신에게 속삭일 수 있기를 기대한다. 그렇다. 나는 나의 '문장전선'을 이렇게 시작한다. 역사 안에서 개인은 거의 예외 없이 무기력하지만, 그럼에도 불구하고 어떤 개인은 기어코 자신이 제 역사의 주인임을 깨닫게 된다. 나는 그래서 이 책을 썼다.

2014년 5월 이응준

차례

노아의 홍수
이후를 위한 서문

노아의 홍수 이후

나는 비둘기가 되고 싶었다.

비둘기 이외엔 다른 아무것도 싫었다.

다시 한 번 구원되는 걸 보고 싶었다.

—잉게보르크 바흐만, 「노아의 홍수 이후」에서

역사란 무엇인가. 인간이란 무엇인가. "인간은 자신의 역사를 만든다. 하지만 자신이 원하는 그대로는 아니다. 인간은 스스로 선택한 환경이 아니라 과거로부터 직접 발견되고 주어지며 이전된 환경 속에서 역사를 만드는 것이기 때문이다."라고 카를 마르크스는 『루이 보나파르트의 브뤼메르 18일』에 썼다. 요컨대, 역사에도 업보가 존재해 일정한 운명을 이룬다는 뜻이다. 털북숭이 마르크스 박사는 공산주의자가 아니라 불교도였던 것일까. 부처 역시 신이라든가 신의 아들이 아니라 마르크스처럼 철학자이자 혁명가였다. 싯다르타는 팔레스타인 광야에서 야훼의 부르심을 받는 대신, 대영박물관 병설 도서관 구석 자리에서 한 독일인 망명자가 세계와 자본의 치열한 이치를 발견했듯 보리수 아래 고요한 사색 속에 가부좌를 튼 채 홀로 완전히 깨달았으며, 19세기와 20세기 유럽의 어느 혁명가 못지않게 고대 인도의 혹독한 차별과 억압으로부터 민중을 자유롭게 만들고자 노력했다. 다만 그것을 정치권력으로 실현하고자 한 마르크스와는 달리, 부처는 사람들의 마음속에서 그것을 실현하고자 했으나 기실 사람들의 마음이야말로 가장 형형한 현실이기에 불법(佛法)은 지난 2500여 년간 인류에게 운명의 유전과 변화를 동시에 가르쳤다. 지금 우리가 그 누구의 제자이든지, 우리 안에는 운명론자와 혁명가가 항시 함께 들어 있다. 기성세대와 청춘들이, 혹은 비록 노인일지라도 제 공동체의 현실에 대해 책임감을 지녀야 하는 까닭은 그것이 곧 제 자식과 후배의 역사가 되기 때문이다. 그리고 이 운명은 자각과 투쟁의 여하와 양상에 따라 좋은 쪽으로든 나쁜 쪽으로든 얼마든지 변화가 가능하다. 개인의 것이건 국가의 것이건 간에.

한반도의 통일은 마른하늘에 날벼락처럼 도래할 것인가? 아마도 그러할 것이다. 1961년에 세워진 동서 냉전의 상징 베를린 장벽이 1989년 11월 9일 밤 와르르 무너질 거라고 예측했던 위인은 전 세계를 통틀어 아무도 없었다. 절대 과장이 아니다. 로타르 슈페트 전 서독 주정부 총리는 "당시 서독 정부는 소련 공산주의에 대해서는 별의별 대비를 다 했지만 장벽이 무너지는 것은 단 한 차례 논의조차 없었다. 상상도 못 했으며 대책도 없었다."고 술회했다. 사정은 서독 연방정보부, 동독 공산당 서기장 에리히 호네커는 물론 미국 CIA와 소련 공산당 서기장 미하일 고르바초프도 마찬가지였다. 그로부터 불과 9개월 뒤인 1990년 8월 24일 동독 의회는 독일연방공화국 기본법을 동독 영토에서 승인했고, 그 발효일인 1990년 10월 3일, 베를린 장벽이 무너진 지 채 1년이 되지 않아, 41년 가까이 지속되었던 사회주의국가 독일민주공화국은 지구상에서 영영 사라져버리고 서독 체제의 통일 독일이 드디어는 탄생하게 되었다. 베를린 장벽 붕괴는 궁정동 안가 술자리에서 집권 18년차 박정희 대통령 각하가, 경호실장 차지철과 너무너무 사이가 안 좋았던 중앙정보부장 김재규의 총탄에 서거한 사건과 비슷하게 벌어졌다. 역사적 대사건이라는 것의 지층은 차후 그럴듯하게 수식되며 재해석되는 법이지, 솔직히 그것이 촉발된 계기란 훤한 대낮에 만취해 벌거벗고 돌아다니는 도깨비 춤마냥 어이가 없다.

근래 대한민국에서 북한 전문가들이 그나마 서너 개의 통일 시나리오들을 설정해두고 그중 하나로 급작스러운 통일의 상황을 수군거리지만, 국경이 유지되면서 통일이 진행되리라고 조금이라도 생각하는 것은 지나치게 순진한 욕심이다. 설혹 국경이 뚫리지 않는다고 하더라도 여러 가지 경로를 통해 짧은 기간에 남한으로 대거 유입되는 북한 인민들을 어떻게든 제지할 수 있다는 자신감은 부도수표나 다름없다. 그럴 바엔 차라리 최악의 상황에 대비하는 것이 나머지 모든 경우들을 대비하는 데에도 훨씬 용이한 지혜일 것이다. 어쩌면 누가 어떤 계기로 폭탄에 불을 댕기느냐만 남은 것은 아닌지 모르겠다.

해방 이후 줄곧 좌익과 우익의 백병전에 시달리는 대한민국에서 남북통일에 대해 논한다는 것은 무조건 골치 아픈 일이다. 이 이상한 나라에서는 혁명가로 사는 것보다, 애국지

사로 사는 것보다, 자유주의 날라리로 사는 것이 훨씬 더 힘들어서, 통일의 질식할 것만 같은 당면 과제들을 조목조목 털어놓으면 잘해봐야 반민족주의자이거나 반통일주의자로, 운이 더 잘 풀리면 그 둘 다로 매도당하기 십상인 것이다. 이는 뼈아픈 전제다. 사람들은 대부분 통일에 대한 이해타산이나 두려움을 자기도 모르는 아전인수로 전환, 애먼 신경질을 마구 부리는데, 이런 것을 일컬어 불가에서는 전도몽상이라고 한다. 사실은 평소 통일에 대해 별 관심도 없으면서, 머리맡에 핵탄두를 두고서도 두 다리 쭉 펴고 잘만 자면서 말이다. 손가락으로 달을 가리키면 달을 봐야지 손가락을 보면 안 된다. 어둠에 휩싸여 있다면 우선 그 어둠을 제대로 파악해야 한다. 그리고 그 어둠 속에 있는 스스로에 대한 확신이 있어야만 빛을 향해 걸어 나갈 수 있다. 통일 문제도 마찬가지다.

향후 이 통일 이야기가 통일 대한민국으로 펼쳐지는 것은 첫째, 현재로서는 남한에 의한 북한 흡수 통일이 가장 발생 가능성이 높고, 둘째, 조선민주주의인민공화국의 극악한

체제 안에서 신음하고 있는 동포들을 볼 때 자유민주주의
와 자유시장경제 위에서의 통일이 마땅하기 때문이고, 셋째,
대한민국의 자본주의적 취약성을 반성하는 데에도 그것이
알맞기 때문이다.

나는 통일 직후의 독일에 있었다. 그때 동독 지역을 여행
하면서 그 폐허 속에서 받았던 충격은 여태 선연한데, 이런
글을 쓰고 있자니 어쩐지 지금은 그것이 일종의 작은 운명
으로 여겨지기도 한다. 독일 통일 20주년 동안의 통일 비용
은 약 2조 유로, 우리 돈으로 약 3000조 원이다. 2003년 동
독 경제재건보고서가 밝히고 있는 1991년부터 2003년 사
이 옛 동독 지역으로 이전된 공적 자금 규모는 1조 2500유
로다. 동독에 대한 기부금이 끊기는 2020년에는 대재앙이
예상된다. 서독은 세계 3위의 경제대국이었고 동독은 사회
주의국가들 중에서는 매우 잘사는 나라로서 한때는 경제력
이 7~8위라는 풍문이 돌 정도였다. 물론 독일 통일 뒤 그게
기대에 훨씬 못 미치는 환상이었다는 사실이 드러나긴 했지
만. 아무튼 그러한 서독과 동독이 만나서 하마터면 망할 뻔

했다는 소리가 얼마 전까지만 해도 횡횡했던 것이다. 대한민국의 경제력은 세계 13위이고 북한은 세계 140위 정도인데 사실 999위라고 해도 상관없는 수준이다. 게다가 서독과 동독의 인구 비율은 4대 1이었고 현재 우리는 (남한 5000만 명 대 북한 2500만 명으로) 서독과 동독의 경우보다 부양인구 비율이 두 배라는 계산이 나온다. 통일 독일에 대한 건방진 참고가 우리에겐 독이 되고 덫이 될 수 있다는 예민한 경고지만 이것 또한 경제적 측면에서만 간단히 예를 든 것일 뿐 다른 여러 사안으로 접어들면 훨씬 더 복잡하고 끔찍하다.

빌리 브란트와 함께 서독 통일 정책의 기원인 동방정책을 입안하고 주도한 에곤 바르 전 서독 연방 장관은 "우리가 저지른 가장 큰 실수는 동·서독 주민들의 정신적 차이를 과소평가했다는 점이다. 앞으로 최소 20년은 더 지나야 정신적 통일이 가능할 것이다."라고 독일 통일 20주년을 맞아 자책한다. 그렇다면 통일 뒤 우리 사회의 증오지수는 어느 정도일까. 북한의 지하자원 매장량이 금 2000톤으로 세계 10위, 마그네사이트 60억 톤으로 세계 1위, 우라늄 2600만 톤으로 비공식 세계 1위 등등 그 가치가 총 7000조 원이라고 떠벌리는 북한학과 교수님의 착한 표정을 바라보는 것은 너무 괴롭다. 바로 그러한 말을 하고 있는 그 마음 때문에 우리가 엄청난 불행을 겪게 되리란 걸 웬만한 머리로는 감각할 수 없나 보다.

한반도의 통일은 비용의 차원에서만 다루어져서는 오직 끝없는 늪 속으로 빨려 들어갈 뿐일 것이다. 지금의 대한민국 정부가 만약 제대로 된 정부라면 훗날 통일 대한민국의 국민들이 감수해야 할 희생과 인내의 시스템을 미리 주도면밀하게 구축해놓아야 마땅하다. 희생과 인내를 피하기 위한 시스템이 아니라 희생과 인내를 수행하기 위한 정당한 시스템, 바로 그것이다. 그러기 위해서 지금의 대한민국 정부는 통일 이후 대한민국의 육체와 영혼이 감당해야 할 '국가의 사생활'에 대한 시뮬레이션들을 섬세하고 다양하게 마련해놓아야 한다. 그 연구를 통해 통일의 충격을 최대한 방어하고 중화시킬 만한 방안들이 생산되고 그것들이 국민들에게 납득되어 고통의 기꺼운 나눔으로 이어진다면 6·25 전쟁의 참상을 딛고 일어섰던 대한민국의 기적이 또다시 이 민족에게 나타나지 말라는 법도 없을 것이다. 통일 디스토피아의 진정한 극복은 좌파든 우파든 어느 세력이 집권하건 간에 통일 정부의 힘만으로는 어림없을 것이다. 그러하기에 통일 대한민국은 국민들이 가난할지언정 동포끼리 도움을 주고받지 못할 정도로 낙담하게는 만들지 말아야 한다. 물론 이것마저도 일단은 한반도에서 새로운 전쟁이 터지지 않아야 한다는 전제가 있어야 가능한 일이겠으나, 명확한 것은, 통일 대한민국의 사생활에 대한 통찰과 대비가 통일 대한민국의 거대한 역사를 구원할 거라는 사실이다. 국민의 마음이 곧 국가의 몸이 될 것이고 국가의 상상력이 곧 국민의 용기가 될 것이다. 여기 내 일련의 어두운 글들이 통일에 관한 우리의 고질적이고도 무의식적인 무관심을 깨부술 수 있는 방편이, 통일에 대한 교만한 정답이 아니라 통일에 대한 진지하고도 아픈 질문이 되기를 감히 소망한다.

통일 대한민국을 두고 절망이라고 말하는 것은 제발 바라건대, 선의의 거짓말이 될 수도 있을 것이다. 그러나 통일 대한민국에 환란이 없을 거라고 말하는 것은 이미 결코 용서받을 수 없는 거짓말이다. 대홍수가 그치자 노아는 방주의 창을 열고 한 마리 비둘기를 날려 보냈다. 얼마 뒤 비둘기는 발붙일 곳을 찾지 못한 채 노아에게로 돌아왔다. 온 땅은 아직도 물에 잠겨 있었던 것이다. 이레를 기다린 노아는 다시 그 비둘기를 방주에서 내보냈다. 저녁 무렵 되돌아온 비둘기는 싱싱한 올리브 잎을 부리에 물고 있었다. 이로서 노아는 물이 빠지고 있음을 알게 되었다. 노아는 이레를 더 기다려 그 비둘기를 또 날려 보냈다. 그러자 비둘기는 아무리 기다리고 기다려도 노아에게로 다시는 돌아오지 않았다. 아마도 희망이란 그런 식으로 우리에게 다가올 것이다. 통일 대한민국의 운명은 제 주인을 따라서 변해갈 것이다.

사라진 나라에서 온
유령 십자군들의 그림자

국가는 폐지되는 것이 아니라, 사멸하는 것이다.

─프리드리히 엥겔스, 『가족·사유재산 및 국가의 기원』에서

조선민주주의인민공화국이 붕괴된 후, 한 인민군 장교가 다른 수많은 인민군들처럼 일개 유민이 되어 통일 대한민국으로 내려온다. 항일무장독립군 총사령관이자 북조선 혁명 원로 고(故) 이장곤의 유일한 손자인 그는 대조선인민군 특수부대의 불세출의 영웅 리강 소좌. 리강은 과거 북한의 비밀 고위 관료였던 오남철이 창설한 '대동강'이라는, 인민군 출신들만 가담할 수 있는 폭력 조직의 제2인자가 되어 극도의 허무와 우울 속에서 마약까지 손대며 살아간다. 평양으로 출장을 떠난 사이 평소 아끼던 부하 림병모가 뭔가 석연치 않은 사건에 휘말려 부패 형사에게 살해당했다는 소식을 접한 리강은 되돌아와 그 일을 집요하게 파헤치는 와중에 통일 대한민국 전체를 일거에 파멸로 몰고 가려는 인간 악마 오남철의 무시무시한 음모와 맞닥뜨린다. 아이러니하게도 리강은, "병사는 죽음에 고용돼 있다. 살기 위해 죽으러 간다."는

고대 그리스의 희곡작가 메난드로스의 말대로 오남철과의 처절한 전쟁을 홀로 치르면서 오히려 지옥 같은 방황을 끝내고 비로소 새로운 조국과 자신에 대한 희망을 찾게 된다.

이러한 장편소설 『국가의 사생활』은 2011년 봄 대한민국이 조선민주주의인민공화국을 평화적으로 흡수통일한 지 5년 뒤인 2016년 봄을 현재로 하여 이야기가 흘러간다. 당연히 통일 대한민국의 정치, 경제, 사회, 문화, 교육을 망라한 모든 것들이 당면하게 될 엄청난 혼돈과 난관을 밑그림 삼고 있는데, 특히 '대동강'은 서울에서 가까운 가령 일산 같은 곳에 멋진 빌딩을 지어놓은 채 이런저런 이유로 마구 죽인 사람들을 그 지하층 화덕 속에 집어넣어 태연히 소각한다. 주지할 점은, 이들을 그런 극악한 범죄자로 만든 원인이 독일 통일 후 동독 지역의 공동화 현상, 통일 독일 안에서 동독 출신들이 겪고 있는 실업과 가난, 사회적 박탈과 차별, 정신적 황폐와 모멸감 같은 것들과 사뭇 유사한 구조를 지니고 있다는 사실이다. 무엇이건 간에, 통일 대한민국을 기다리고 있는 비극의 전체와 그 부분집합들은 『국가의 사생활』

이 상상하고 있는 어둠의 수준보다 훨씬 참혹할 수 있다는 뜻이다. 현실의 어처구니없음을 따라갈 수 있는 소설은 감히 존재하지 않는다. 소설보다 한참 무자비한 것이 현실인데, 소설과는 달리 현실에는 플롯 따위가 별로 필요치 않기 때문이다. 현실은 인간이 신을 필요로 할 만큼 끝없이 무책임하다.

시인 바이런이 "나라를 세우는 데는 1000년도 모자라고, 허무는 데는 한순간도 충분하다"라고 『차일드 해럴드의 순례』에 썼던 것처럼 만약 조선민주주의인민공화국이 급작스럽게 망한다면, 10년 이상 의무복무가 보통인 120만 명 조선인민군의 처리는 대체 어쩔 것이며 그것은 그 후 통일 대한민국에 과연 어떠한 영향을 끼칠 것인가? 통일 독일의 사례를 우리에게 빗대어보는 것이 영 염치없는 노릇이겠으나 그렇다고 해서 마땅히 기댈 곳도 없는 주제에 거의 유일한 참고서를 넘겨보지 않을 수는 없다.

동독 인민군(NVA)은 동독 공산당의 무기이자 특혜 집단이었다. 장교의 96퍼센트, 하사관의 56퍼센트가 공산당원이었으며, 독일사회주의통일당(SED)을 통하지 않고서는 승

진이 불가능에 가까웠다. 청년들은 이미 청소년기에 군사훈련을 받은 다음 18개월간의 의무 복무를 했는데, 1990년 1월 그 18개월은 12개월로, 장기 복무 군인의 최소 근무 기간은 3년에서 2년으로, 직업군인의 최소 근무 기간은 25년에서 15년으로 단축하는 조치가 취해진 뒤 고작 수개월 만에 약 4만 명이나 감축되던 동독 인민군은 통일 직전까지 10만여 명 정도가 남게 되었다. 물론 통일 전 동·서독 국방부 간에는 군사 통합과 관련한 논쟁이 있기는 있었다. 서독 측은 1국가 1군대에 입각해 동독 인민군의 병력과 장비를 서독 연방군이 인수해야 한다고 주장한 반면, 동독 측은 서독 연방군과 동독 인민군이 각각 독자적으로 존립하는 1국가 2군대를 주장했다. 동독 측은 최소한 과도기 동안만이라도 동·서독 군대가 서로 다른 군사동맹 체제에 소속돼 활동할 것을 요구하기도 하였다. 그러나 그런 애처롭되 시건방진 태도는 1990년 7월 헬무트 콜 서독 수상과 미하일 고르바초프 소련 대통령이 합의를 봄에 따라 고자누룩해졌다. 군사 통합의 원칙은 동독 인민군의 해체와 통일 독일의 연방군에 의

한 동독 지역 접수로 확정됐다. 1990년 9월 24일 동독은 바르샤바조약기구에서 탈퇴하였으며, 같은 날 라이너 에펠만 동독 국방부 장관은 동독의 장군과 제독 들에게 10월 2일자로 전원 전역하도록 명령한 데 이어, 10월 3일 0시 일일명령을 통해 10만 3000명의 동독 군인들을 동독에 대한 국방의 의무로부터 해제시켰다. 5만 명의 장기 복무 군인 가운데 대령 한 명 중령 수명을 제외한 모든 고급 장교들이 전역하는 가운데 그 이하급 직업군인 1만 800명은 연방군에 편입되었다. 이로써 동독 인민군은 제 조국과 함께 완전히 사라지고 통일 독일 연방군이 독일 영토 전체를 지키게 되었다.

더불어, 서독 연방군 무기 체계에 적합하지 않은 동독 인민군의 군사 장비는 동독 지역의 재난 방지 기구나 소방서, 자선기관, 나토 회원국을 비롯한 우방국 등에 무료 지원하고, 나머지는 연방재산매각회사가 맡아서 매각하거나 유럽 재래식 무기 감축 협정에 의거해 폐기 처분해버렸다.

군사 통합 과정에서 동독 군부의 반발이 없었던 것은 첫째, 독일 통일이 동독 주민의 자유로운 의사결정을 통해 평화적으로 이루어져 법률적, 도덕적 정당성을 갖추고 있었고 둘째, 동독군의 운용은 소련 주둔군이 주도하는 구도여서 동독군으로서는 소련과 서독 간의 합의사항을 따를 수밖에 없었고 셋째, 동독 고급 장교들이 자신들의 능력으로는 통일 독일에서 군 업무를 수행하기 어렵다는 것을 잘 알고 있었고 넷째, 통일 독일 정부가 동독 퇴역군인들의 사회 적응 교육과 취업 알선을 위해 최대한 노력할 것을 약속했고 다섯째, 동독군의 장교들에게 전역식을 갖도록 해주는 등 명예로운 은퇴 기회를 마련함으로써 저항감이 싹트지 않도록 배려했고 여섯째, 군인들은 전역 후 연금 혜택으로 비교적 안락한 생활을 누릴 수 있었기 때문이다. 그러나 통일 독일 연방군 내 동독군 출신들이 워낙 소수인데다가 계급이나 직책 면에서 영향력이 적기에 내적 통합이 겉으로는 멀쩡한 듯 보이지만, 다른 여러 분야와 마찬가지로 이 문제 역시 한 세대가 지나야 완전히 해결될 것이라는 게 중론이다.

그러니까 간단히, 아주 간단히 요약하자면 위와 같은 것인데, 저런 식의 군사 통합이 한반도에서 아무 사고 없이 가

능하다고 보는가? 북한은 김정일 집권 이후로 철저한 선군정
치를 내세운 군인들의 나라다. 일반 사병들도 민간인들에게
온갖 행패를 부리는 것이 일상다반사인 삭막한 사회다. 게다
가 인민군의 수뇌부와 장교들은 우리가 편하게 생각하듯 국
가가 망했다고 해서 간단히 해체될 부류들도 아니고 어영부
영 정체성이 지워질 개인들은 더욱 아니다. 북한에도 10만
명가량의, 북한이 망하면 함께 망한다고 믿는 소위 상류층
이란 것이 존재하고 그 핵심은 당연히 군부다. 그들은 제 발
로 탈북한 사람들과는 다르며 그런 사람들조차도 10퍼센트
는 남한 사회에 적응하지 못하고 떠나는 것이 엄중한 현실인
것이다. 2만 5000명 탈북자들 가운데 2500명이 그렇다는 소
리다. 2500만 북한 인민 중에 통일 대한민국에 적응하지 못
하는 10퍼센트를 계산해야 하는 사회는 떠올리기만 해도 아
찔하다. 또한 핵탄두는, 화학무기는 어찌할 것인가?

　나는 『국가의 사생활』을 쓰는 내내 분명 통일 이후의 미
래를 쓰고 있었는데 막상 우리의 현실을 쓰고 있다는 착각
에 종종 빠져들었고 알고 보니 그것은 상당 부분 사실이 그

러했다. 특히 '대동강'이 거주하는 빌딩 지하층 화덕 같은 것에 치를 떠는 독자들이 나는 내심 참으로 이상했다. 남한 사회에 지존파가 발생한 것이 1993년도다. 도시와 도시를 오가던 그들은 전남 영광군 아지트 지하 철창감옥 곁에 화덕을 만들어 시체를 소각했다. 마을 사람들은 자욱한 연기 사이로 고기 타는 냄새가 진동했다고 증언했고 지존파는 담력을 키우기 위해서 죽인 사람들의 살을 발라 먹었다고 자랑했다. 그들을 이런 악마로 양육한 것은 자신을 억울하게 소외시키는 세상에 대한 분노, 그것이었다. 우리는 악마의 거울 앞에서 좀 겸손해질 필요가 있다.

　'대동강'의 퇴역 조선인민군들에게도 바로 그러한 증오가 뼈와 피에 물들 수 있다는 것이다. 북한 인민들이 수령님, 장군님의 폭압에서 해방돼 자유시장경제와 자유민주주의 국가에서 살게 돼 감사히 여길 거라는 생각은 그야말로 비과학적이며 인간이라는 요물을 과대 포장하는 처사다. 괴테는 "혁명 전에는 모두가 노력이었다. 혁명 후에는 모두가 요구로 바뀌었다."고 갈파했다. 빈곤과 낙담은 위기를 넘기는 것과 동시에 타인과의 비교 속에서 심사가 뒤틀려버린 인간을 괴물로 만든다. 루마니아의 일부 인민들이 24년 전 자기들 손으로 직접 총살해버린 독재자 차우셰스쿠를 그리워하는 것처럼, 통일 대한민국의 누군가는 김일성과 김정일의 이름을 부르면서 조선민주주의인민공화국의 부활을 꿈꿀 수도 있다. 구동독 지역에서 극우 정당들이 득세하고 네오 나치들의 외국인들을 향한 테러가 주민들의 묵인과 동조를 얻고 있는 것은 바로 그 분노의 메커니즘 때문이다. 나아가 북한은 단순한 전체주의 독재국가가 아니라 사교 광신 국가가 아닌가. 사라진 나라에서 통일 대한민국으로 온 유령 십자군들은 자신들을 지배하던 그 신과 신의 아들, 그리고 신의 현현(顯現)인 핵폭탄을 갈망하게 될지도 모른다. 그리고 그러한 어두운 에너지는 반드시 폭력을 통해 나날이 스미어 나오다 또한데 모아져 문득 이 세계를 불살라버리기 마련이다.

　　그렇다. 국가는 폐지되는 것이 아니라 사멸하는 것일 수 있다. 그러나 폐지돼서도 안 되고 사멸해서도 안 되는, 함께 보듬어 공존 번영해야 하는 동포들이 있다. 인간의 마음은 정말 묘한 것이어서 내내 바다 같다가도 갑자기 바늘 하나 찌르고 들어갈 만한 구멍이 없다. 통일 대한민국의 국민들이 희생과 변혁에 대해 비좁은 마음을 지닐 때, 누군가 그들의 가슴속에서 걸어 나와 각자의 귀에 대고 이렇게 속삭일 것이다.

"너를 무시하고 핍박하는 이곳은 너의 조국이 아니다."

"너의 조국을 어지럽히고 있는 저 망한 나라의 쓰레기들은 너의 형제자매가 아니다."

이 말들은 통일 대한민국을 생지옥으로 만들어버리고도 남을 것이다.

폐허가 될 것인가,
광야가 될 것인가

용기라는 것은 항상 독창적인 것이다.

—루드비히 비트겐슈타인, 『반철학적 단장』에서

시인으로 등단했던 스무 살 그해의 12월, 나는 만약 내가 예순 살에 죽는다면 20세기와 21세기에서 생을 절반씩 나누어 살게 되는 셈이라는 엉뚱한 상념에 사로잡혀 있었다. 불과 두 달 전 서독이 동독을 흡수 통일했지만 아무리 곰곰 되짚어봐도 내게는 그것에 관한 별다른 감상이라곤 전혀 없었다. 명색이 독일문학을 전공하는 처지였는데 말이다. 다만 누군가 통일 독일이 어쩌고저쩌고 말을 꺼내면 대략 1년 전 베를린 장벽 위에 올라가 발광하던 동·서독인들의 TV 속 모습이 아른거리기는 했으나 그조차 어디선가 내 무의식 속으로 시답잖게 끼어들어 조작된 삽화가 아닌지 의심이 들 정도였다. 아마도 나는 독일 통일뿐만이 아니라 세상 모든 거대한 사건들에 무조건 무심하지 않았나 싶다. 요컨대 역사라는 것은 지독한 탐미주의자에게 있어 한참 혐오해 마땅한 '정치'에 다름 아니었던 것이다. 스탈린이 1922년에 우격다

짐으로 만들어 69년간 존속하던 소비에트사회주의 공화국 연방이 해체됐을 적에도 마찬가지였다. 나는 이념적 낙담에서 헤어나지 못하고 있는 어떤 선배들의 우울한 지성이 도통 이해가 가질 않았다. 대체 무슨 상관이란 말인가. 지구야 화성인에게 정복당하든 금성인에게 팔리든 오직 '나'라는 어두운 수수께끼를 제대로 표현할 시 한 편에 빠져 있는 것만으로도 젊은 나는 충분히 죽을 만큼 힘겨웠다.

그러나 이듬해 12월, 나는 홀연 공간 이동을 한 듯 통일독일 한복판에 우두커니 서 있었고 얼마 뒤 우연한 기회에 혼자 동독 지역을 처음 여행하게 되었다. 평소 쾰른에 거주하고 있던 나는 엄청난 충격을 먹었다. 너무나 깔끔하고 반듯한 서독 지역에 비해 동베를린을 넘어서서부터 내가 본 것은 과장이 아니라 거의 폐허에 가까웠다. 부르튼 도로변에는 동독산 자동차 트라비들이 나뒹굴듯 버려져 있었고 황량한 도심은 막 부패하기 시작한 짐승의 사체 같았다. 나는 몇 가지 위험천만한 일들을 겪으며 사흘 만에 옛 독일민주공화국에서 옛 독일연방공화국으로 귀환했고, 그 두 개의 독일은 어

쨌든 같은 통일 독일이었으되 분명 서로 아주 다른 독일이었다. 순간 나는 난생처음 소설이라는 게 쓰고 싶어졌던 것 같다. 삶에는 무지개 같은 시가 아니라 강철 같은 산문으로 돌파해내지 않으면 아무것도 제대로 발견해내지 못한 채 몸이 영혼처럼 휘발해버리는 구간이 존재하는구나, 뭐 그런 막연한 느낌이었다. 문학이 그저 수많은 직업들 가운데 하나일 뿐임을 논리 없이 깨닫게 된 것도 그때였다.

대한민국이 통일을 이룬 직후 우리 눈에 비친 북한 지역의 풍경은 과연 어떠할까. 그리고 그것은 우리에게 어떤 상징과 물음표로 다가올 것인가. 어떠한 운명이 되어 어떠한 변혁을 요구해올 것인가. 나는 20세기의 끄트머리에서 내가 통일 독일의 동독 지역에 우두커니 서서 그러했던 것처럼, 21세기의 심장 부근에서 한 대학생이 통일 대한민국의 북한 지역에 우두커니 서서 마주하게 될 심경과 실존을 상상해본다.

동독의 중앙계획경제를 자유시장경제로 전환하는 핵심 조치는 동·서독 화폐의 통합과 동독 국영기업의 사유화 작업이었다. 장벽이 뚫리자마자 동독인 1000만 명 이상이 서

독으로 질주했다. 그들에게 다양하고 화려한 상품들이 진열
돼 있는 서독은 욕망의 낙원이었다. 철딱서니 없는 서독 정부
가 흥분한 동독인들에게 환영금조로 지급한 1인당 100서독
마르크(DM)는 물건 몇 개를 사자마자 금방 사라졌다. 무기력
한 동독 공산당은 말했다. 떠날 사람들은 다 떠나시오. 200
만 명이던 동독 공산당원은 1990년 1월이 되자 28만 명으
로 급감했다. 동독마르크(DDM)는 사회주의국가들에서만 통
용되는 화폐였다. 이제 동독인들은 세계 어디서나 쓸 수 있
는 진정한 돈의 맛을 원했다. 1990년 6월 30일 460톤 250억
서독마르크가 동독으로 운반됐다. 선악과를 따먹은 동독 사
람들은 동베를린 알렉산더 광장 은행 앞에 전날 밤부터 줄
을 서서 자본주의의 피를 기다렸다. 독일인들은 질서를 잘
지킨다. 공산주의국가의 국민인 동독인들은 더욱 그러했다.
그런데도 개아수라장이 벌어졌다. 동독의 경제력과 그 규모
가 서독에 비해 4분의 1 수준인지라, 보통 4.4동독마르크가
1서독마르크로, 암시장에서는 10동독마르크가 1서독마르
크로 교환되는 것이 상례였다. 서독의 경제 전문가들은 동·

서독 화폐 통합이 동·서독 화폐 교환 비율 2대 1 또는 3대 1로 경제통합 과정의 말미에 실행돼야 좋다고 주장했다. 그러나 콜 서독 수상은 동독인의 서독으로의 대량 이주 사태를 예방하고 동독 사회의 빠른 안정을 도모해 통일을 준비하는 정치적 고려라면서 자신의 의견에 저항하는 연방은행장을 교체하고 동·서독 화폐 교환 비율 1대 1을(큰 자금에 한해서만 2대 1) 강행했다. 동독 주민들은 콜 수상에게 환호했고 기민당에 표를 몰아주어 은혜를 갚았지만 그것은 재앙의 시작이었다. 동독의 통화가치가 실제보다 높게 평가됨으로써 동독 기업들은 대내외적으로 가격 경쟁력을 상실하고 줄줄이 도산했다. 동독 국영기업의 5000~8000개가 통화 단일화가 이루어지고 나서 열흘 만에 문을 닫았다. 자부심이 강하던 동독의 노동자들은 하루아침에 낙오자가 되고, 대량 실업 사태는 결국 통일 비용 증가로 이어져 통일 독일 경제의 밑 빠진 독이 되었다. 새로운 기업들이 동독에 자리 잡을 가능성은 극히 희박하다. 젊고 유능한 인력들은 모두 서쪽으로 떠나고 없는데 죽어가는 도시에 미쳤다고 공장을 세울 이유가 없는 것이다. 그제야 동독 사람들은 외쳤다. "호네커한테도 속고 콜한테도 속았다." 게다가 양독 지역 간의 생산성 불균형에도 불구하고 동독 노동자들은 서독 노동자들과의 임금 균형을 요구했고 이는 서독 및 서방 기업가들로 하여금 동독 지역에 대한 투자를 기피하게 만드는 중요 요인으로 작용했다. 독일 통일 20주년 유럽연합 집행위원회(Europäische Kommission)의 보고서에 따르면, 현재 통일 독일 경제가 겪고 있는 어려움의 3분의 2는 바로 통일에서 기인한다고 평가되었다. 통일 비용의 가장 큰 문제점은 국가 총부채의 증가였다. 이는 동독 정부와 기업의 부채를 인수한 탓도 있으나 무엇보다도 단기간에 너무 많은 공채를 발행함으로써 금리가 상승하여 국민경제에 과부하가 걸렸기 때문이다. 또한 조세와 사회보험료 인상은 물가상승과 임금인상 요인으로 작용했으며, 이는 다시 임금 투쟁과 실업자 증가라는 악순환을 불러왔다. 동독 지역의 행정 체제가 제대로 구축되기 전에 엄청난 재원이 투입됨으로써 예산 남용이 심각했다는 점도 문제였다. 통일 20년간 동독 지역 재건을 위한 통일 비용은 약 1조 5000억 유로가 들어간 것으로 추정되고 있다. 즉 동독 지역에 매년 약 800~900억 유로가 지원된 셈인데, 이는 통일 독일 GDP의 약 3~4퍼센트에 달하는 거액이다. 그 중 약 80퍼센트는 사회복지 비용, 즉 연금 및 실업수당 등으로 쓰이고 있으며 이러한 경향은 점점 더 커지고 있다. 정치가들은 연대협정이 마무리되는 2019년 정도면 급한 불은 꺼질 것이라고 기대하지만 동독인들의 의존심이 2019년 이후 소멸될 것인지는 의문이다.

차라리 다행인가? 장차 통일 대한민국은 경제 부문에 있어서의 저러한 오류와 시련 들이 아예 생략돼 있을 수 있다. 북한에는 남한이 통합할 가치가 있는 화폐라든가 인수할 의욕이 나는 기업이 사실상 전무하기 때문이다. 이것은 그로테스크한 농담이 아니라 살벌한 객관이다. 북한은 제2차 세계대전에서 패망한 일본인들이 남겨놓고 간 산업 기반을 6·25 전쟁 때 미군의 폭격으로 대부분 파괴당했고 그나마 온전한 것들은 소련군이 철수하면서 다 뜯어가 버렸다. 이후 세습 왕조로 퇴행하는 와중에 근대화에 당연히 실패한 신정(神政) 전체주의국가 조선민주주의인민공화국은 인공위성이 찍은 밤 사진 안에서 불빛이 넘치는 휴전선 이남과는 정반대로 눈동자를 잃은 것처럼 암흑이다. 어둠을 밝힐 전력(電力)이 없는 것이다. 그 인공위성의 한반도 밤 사진 한 장은 우리의 너무나 복잡하고 괴로운 나머지 절망의 낭떠러지 한 발 너머인 상황을 단 한 방에 샅샅이 설명해주는 최상의 진단서인 셈이다. 그것을 미래의 전장으로 달랑 칼 한 자루 꽉 쥐고 뛰어나가는 우리의 수호부적으로 삼을 방법은 없는 것일까?

통일 후 과거 북한 지역은 생산성 있는 인구가 남아 순리대로 개발될 것인가? 서울이 아닌 도시를 번영시킨다는 것이 얼마나 지난한 일인지는 지금 대한민국의 지방분권, 지방 성장의 몰락을 보면, 멀리 갈 것도 없이 세종시 하나가 일으키고 있는 온갖 말썽들을 보면 딱 안다. 인구는 본시 직업이 있는 대도시로 몰려들게 돼 있는 법이다. 이북 사람들이 수도권에 우글거리는 동안 이남 사람들 역시 이북으로 자주 오가기는 할 것이다. 부동산 투기와 유흥 분탕질과 자연 파괴 등등 못된 짓들 하러. 그리고 통일 전 대한민국이 구축해 놓았던 의료보험, 국민연금 등의 복지 체계 붕괴는 여타 수백 가지 붕괴들 중에 가벼운 축에 속할 것이다.

그렇다면 통일 뒤 과거 북한 지역은 오로지 폐허일 것인가? 작가 최인훈이 『광장』의 주인공 이명준을 통해 남한과 북한의 '밀실'과 '광장'에 대해 고뇌했던 것처럼, 이제 우리는 통일 대한민국의 '폐허'와 '광야' 사이에서 낭만적인 시가 아니라 투철한 산문 정신으로 진지한 희망을 그려나가야 한다. 광야는 패배적인 폐허와는 그 의미가 다르다. 고대 이스라엘 백성들은 광야를 40년 동안 떠돌아다녔는데 그들은 물도 양식도 구할 수가 없는 그 거대한 모래바람과 억센 가시덤불 위에서 모두가 죽을 수밖에 없다고 생각했다. 그런데 그런 곳에서 야훼의 기적이 가장 많이 임했고 그들은 결국 훌륭히 살아남았다. 성서에서 광야의 상징성은 이중적이다. 유혹과 절망의 공간이자 성장과 구원의 공간이기도 한 것이다. 예수는 광야에서 40일 동안 금식하고 악마의 시험을 이겨냈다. 역설적인 진실로서, 독일 통일을 실패한 것으로만 받

아들이는 시각은 통일 한반도의 시공간을 폐허로만 인식하
는 어리석음의 외통수다. 빛과 어둠은 함께 오는 것이기에,
우리는 통일 한반도를 폐허가 아닌 광야로 삼아 역사의 시
험을 기꺼이 감당해야 한다. 『톰 소여의 모험』, 『허클베리 핀
의 모험』의 소설가 마크 트웨인은 "용기란 공포에 대한 저항
이고 공포의 정복이지, 공포의 결여는 아니다."라고 말했다.
현대철학의 한 수도승이 우리에게 충고하듯 모든 용기는 항
상 독창적이어야 한다. 통일 문제를 고민하는 우리에겐 과학
을 근거로 하되 그 과학을 넘어서는 분명한 상상력이 절실하
다. 폐허에 갇혀 질식하지 않고 광야의 고난이 지닌 가능성
으로 통일 대한민국을 모색해나갈 때 반쪽이 어둠으로 갈라
져 있는 한 장의 사진은 마저 빛으로 가득 차오를 것이다.

인간이라는 거울 속의 어둠,
국가라는 거울 속의 인간

사회적 증오는 종교적 증오보다도 훨씬 강렬하고 심각하다.

—미하일 알렉산드르비치 바쿠닌, 『정치철학』에서

인간을 고통스럽게 만드는 것은 무엇일까. 석가모니 부처는 여덟 가지로 정리했다. 생(生), 노(老), 병(病), 사(死), 즉 태어나 늙고 병들어 죽는 것. 애별리고(愛別離苦), 사랑하는 사람과 헤어져야 하는 괴로움. 원증회고(怨憎會苦), 미워하는 사람과 만나거나 살아야 하는 괴로움. 구부득고(求不得苦), 구하여도 얻지 못하는 괴로움. 오성음고(伍盛陰苦), 색(色)과 수(受)와 상(想)과 행(行)과 식(識)의 오음(伍陰)에 탐욕과 집착이 번성함으로 인한 괴로움. 성인(聖人)들은 저마다 성인이기 이전에 일단은 천재인데 그것은 그들 도저한 말씀의 무게에 날카로운 디테일이 빛을 발하는 까닭이다. 비근한 예가 부처의 경우 '미워하는 사람과 만나거나 살아야 하는 괴로움'으로서, 언뜻 빤한 소리 같지만 정작 엄청난 집중력이 아니고서는 빼먹기 딱 좋은 항목이 아닌가 싶은 것이다. 사랑하는 사람과 헤어져야 하는 고통과 미워하는 사람과 만나거나 살아야 하는 고통 중 더 가혹한 고통은 어느 쪽일까? 모든 괴로움의 뿌리에는 상황에 휘둘리는 인간의 변덕이 있다. 내가 나를 포함한 인간을 모독하는 것은, 사랑이 쉽게 부패해 미움의 거름이 되기 때문이다.

통일 대한민국에서 과거 조선민주주의인민공화국의 인민들은 행복할까? 흰 눈을 부릅뜬 채 말라 죽어가는 것이 싫어 국경을 넘다 총에 맞아 강물 위에 벌레 먹은 낙엽처럼 둥둥 떠오르고, 동포 소녀와 아낙네 들은 중국인들에게 단돈 몇 백 원에 개만도 못하게 팔려나가고, 수십 곳의 강제수용소들에서 죽음보다 무서운 노역에 시달리다가 쥐 한 마리 잡아먹게 되는 것을 산삼 먹는 것 마냥 기뻐해야 하고, 21세기의 대명천지에도 뻔뻔하게 조작된 파라오의 가계가 3대 세습되는 등등 그 온갖 극한의 야만들이 휘몰아치는 조선민주주의인민공화국에서 해방돼 통일 대한민국에서 살게 되면 정말 행복할까?

빌리 브란트 서독 총리의 동방정책은 동독을 국가로 인정하고 교류하는 것에 중점을 두었다. 1970년 5월 서독 카셀에서 제2차 동·서독 정상회담이 열려 20개항의 기본 조약이 체결됨에 따라 서베를린 시민은 통행증만 발급받으면 동베를린으로 넘어갈 수 있게 되었다. 1976년에는 우편·통신 협정이 체결됐다. 1979년에는 서독인 360만 명이 동독을 방문했고, 동독인 140만 명이 서독을 방문했다. 동·서독 전화통화량은 1972년 70만 회에서 10년 만에 2300만 회로 증가했다. 동독과 서독의 남녀들은 편지를 나누다가 사랑에 빠지기도 했다. 이랬던 그들이 통일 후 동독 사람은 서독 사람을 베씨(Wessi)라고, 서독 사람은 동독 사람을 오씨(Ossi)라고 부르면서 경멸하기를 마다하지 않았던 것이다. 지금도 교실에 가보면 동독 출신 부모를 둔 학생들과 서독 출신 부모를 둔 학생들 간에는 어색한 언어적 차이가 존재한다. 남한과 북한처럼 인류 역사상 둘째가라면 서러울 만큼 잔인무도한 전쟁을 치른 사이도 아닌 주제에, 그토록 예쁘고 깜찍한 방식으로 고작 41년 동안 분단돼 있었다고 말이다. 이러니 내가 통일 독일의 사례들을 통일 대한민국에 비교, 적용하다가 불쑥불쑥 허탈해지는 나머지 자주 캄캄하고 긴 명상에 들어가지 아니할 수가 없는 것이다.

　근래 독일에서는 오스탈기(Ostalgie)라는 신조어가 등장했다. 이는 동독을 뜻하는 오스트(Ost)와 향수라는 의미의 노스탈기(Nostalgie)가 결합된 말로서 동독 출신 사람들의 과거 동독 시절에 대한 그리움을 가리킨다. 또 동독 지역 텔레비전에서는 「그땐 그랬지」라는 프로그램이 방영되고 있다. 망한 독일민주공화국의 영화, 드라마, 음악, 쇼, 의상, 음식 등을 추억하고 재현하고 그러는 것인데 인기가 대단하다. 2010년 6월 독일 최고 권위 시사주간지 《슈피겔》은 「독재에 대한 향수(Heimweh nach der Dikatur)」라는 제목의 기획기사를 게재하면서 "동독에 대한 그리움이 단순한 향수를 넘어서고 있다."고 우려했다. 독일 통일 20주년 옛 동독 주민들 대상 여론조사에 따르면, '동독 시절은 좋은 면이 많았다'─49퍼센트, '동독 시절이 지금보다 더 행복했다'─8퍼센트로서 절반 이상이 과거 동독 정권을 옹호했다. 독일의 대표적인 조간신문 《디 벨트》는 동·서독 간의 갈등이 2004년을 기점으로 수직 상승했다고 보도했는데, 역시 옛 동독 주민들

대상 설문조사에서, '동독이 불법국가가 아니었다'—41퍼센트, '자신이 통일 독일의 국민으로 느껴지지 않는다'—62퍼센트, '동독 시절로 되돌아가고 싶다'—9퍼센트가 나왔다. 통일 이후 자유시장경제와 자유민주주의에 적응하지 못한 동독인들이 서독인들에 대한 희망 없는 상대적 박탈감에 시달리고 있는 것이다. 과거 동독 공산당(SED)의 후신이랄 수 있는 민사당(PDS)은 1990년 중반 이래 동독 지역에서 폭넓은 지지를 얻어 제도권 정당으로 도약한 후 전통 좌파정당인 사민당(SPD)의 우경화에 반대해 이탈한 세력과 연대하여 신생 정당인 좌파당(Die Linke)을 결성, 연방하원 내 12퍼센트(622석 가운데 76석)의 의석을 차지한 바 있다. 그들은 "동독 출신 총리가 우리에게 해준 것이 무엇인가"라며 기독교민주연합(CDU) 소속의 앙겔라 메르켈 독일 총리를 강력 비난한다. 극우정당인 독일민족민주당(NPD)의 2009년 총선 득표율은 서독 지역에서는 1.1퍼센트지만 동베를린을 포함한 동독 지역에서는 3.1퍼센트였다. 2010년 7월 현재 연방정부 장관, 헌법재판관, 주요 언론사 편집장, 상장사 상임이사 모두

가 서독 출신이다. 오직 메르켈 수상만 동독 출신이다. 서독 출신 장군은 199명에 이르지만 동독 출신의 장군은 단 한 명뿐이다. 동독 지역에서 활동하는 엘리트들, 즉 정치, 경제, 법률, 과학, 행정, 미디어 분야의 결정권을 가진 사람들 중에서 동독 출신은 30퍼센트에 불과하다. 동독 출신으로서 서독 주의 장관으로 일하는 사람은 한 명인데 그 역은 열여덟 명이나 된다. 인문사회과학 교수의 95퍼센트, 심지어 동독 지역에서만 읽는 잡지의 책임자도 서독 출신이다. 동독인들은 통일이 동독을 서독의 식민지로 만들어버렸다고 주장한다. 이러한 반감은 낙담 속에서 계속 악성 변종을 양산해나간다. 독일민주공화국은 사회주의국가 중에서 가장 부자였고, 주민들의 생활수준은 영국 중산층에 맞먹는다는 말까지 있었다. 동독인들은 통일이 되면 독일연방공화국의 복지를 누릴 수 있을 거라 기대했지만 예상은 무참히 빗나갔고 '2등 국민'이라는 열등감까지 덤으로 얻었다. 서독인들은 무능한 동독인들이 뻔뻔한데다가 게을러빠졌다고 생각하고, 동독인들은 차가운 서독인들이 잘난 체하며 반공주의적 편

견으로 가득 차 있다고 여긴다.

그러니 앞으로는 북한의 지하자원을 개발하면 통일 비용이 넘치도록 충당될 거라는 식의 주책들은 제발 삼가셨으면 좋겠다. 북한이 이미 채광권을 중국에 팔아버린 것 등을 비롯 그 실행 과정에서 많은 문제들이 산재한데다가, 무엇보다 통일 대한민국에서 북한 출신 국민들의 상당수가 자신들의 금과 우라늄을 남한 놈들이 다 파헤쳐 팔아먹으면서도 차별은 차별대로 실컷 한다고 분노할 개연성이 크기 때문이다. 가령 이북 전체가 개성공단이 된다고 해도 그것은 건강한 국가가 아니다. 통일 대한민국에는 전라도와 경상도의 관계와는 비교할 수도 없이 악독한 지역감정 하나가 추가될 수 있으며, 더 나아가 통일 이전의 탈북자들과 통일 이후 북한 출신들과의 불화도 만만치가 않을 것이다.

해방 이후 월남한 이북 출신들은 고구려인들을 연상시킬 만큼 체격이 건장한 사람들이 많았다. 그런데, 한반도 역사상 가장 심대한 식량 부족 상태가 20년이 넘어가는 조선민주주의인민공화국에서는 인종 퇴화가 진행 중이다. 북한

남성의 평균 키는 158센티미터이며 인민군대의 키 제한은 142센티미터 이상이다. 뿐인가. 조선왕조 500년 동안 과거 급제자가 가장 많이 나왔던 곳은 서울도 아니고 대구도 아니고 광주도 아니고 부산도 아닌, 월북 시인 백석의 고향이기도 한 평안북도 정주(定州)다. 그토록 총명했으나 이제는 우물 안의 개구리보다도 못하게 돼버린 이북 사람들의 현대 세계에 대한 지식과 지성과 감각의 낙후 수준은 통일 대한민국이 교육하고 지원해야 할 거대한 부담으로 작용할 것이다. 더불어 자유시장경제와 자유민주주의에 익숙하지 않은 2500만 유권자의 갑작스러운 탄생은 통일 대한민국의 정치를 럭비공으로 만들어버리는 변수가 될 수도 있다. 자유시장경제와 자유민주주의의 외적, 내적 자산 축적은 그 어떤 혁명보다 소중하다. 남한의 경우 1987년도 기준 GDP 800불 정도의 경제 수준이 양질의 교육을 받은 중산층을 형성했고 바로 그들이 정치 민주화를 이룩했다.

종국에 통일 대한민국은 '한민족'이라는 종족 개념에서 벗어나 근대 국민국가라는 공학적 개념을 스스로 완전히 체화시킬 때 진정한 통일 국가로 거듭날 것이다. 민족으로부터 시작된 통일은 결국 그 민족이라는 '거짓말'을 깨부숴야 비로소 평화를 얻을 거라는 뜻이다. 그러나 북한 사람들은 세계 제1의 민족주의자들이며 남한 사람들은 세계 제2의 민족주의자들이 아닌가. 제2차 세계대전 이후, 히틀러 나치 체제에 오염된 서독 국민들의 치유에 큰 도움이 되었던 '시민 교육 제도'를 통일 독일 정부는 동독 지역에 도입해 소정의 효과를 보고 있다. 그 주요 내용은 자유민주주의와 자유시장경제 체제에 대한 이해, 책임감과 의사소통 능력의 배양, 2등 국민 의식 극복 등으로서, 외국인 적대와 인종주의 확산 방지 프로그램까지 포함하고 있다.

　"모든 사람은 다른 사람 속에 거울을 가지고 있다. 그 거울로 말미암아 자신의 결점과 여러 약한 곳을 확실히 볼 수가 있는 것이다. 그런데 많은 사람들은 이 거울을 향해 개와 같은 짓을 일삼고 있다. (……) 자기를 향해 짖든지 물어뜯는다."고 쇼펜하우어는 말했다. 남한 사람과 북한 사람, 이 둘은 통일 대한민국 안에서 서로가 서로의 거울일 것이다. 인간을 이해하는 것이 사회를 이해하는 것이요, 사회를 이해하는 것이 국가를 이해하는 것이요, 그것이 곧 통일을 대비하는 것인 동시에 자신을 이해하는 것이라는 점을 우리는 자각할 필요가 있다. 플라톤은 갈파하지 않았는가. "국가도 인간과 다를 것이 없다. 국가도 인간의 가지가지 성격에서 만들어진다."

사랑하는 사람과 이별해야 하는 고통과 미워하는 사람과 함께 지내야 하는 고통 중에 더 가혹한 고통은 어느 쪽일까? 인생이 정말로 무서운 까닭은 사랑했던 사람이, 사랑한 줄로만 알았던 사람이, 사랑할 것만 같았던 사람이, 사랑해야만 하는 사람이, 심지어는 사랑하고 있는 사람이, 어느새 미워하는 사람으로 버젓이 변해 있어서이다. 나의 거울인 당신 안에는 어떠한 어둠이 담겨 있을 것인가? 사랑하는 사람과 헤어지기 싫은 나라가, 미워하는 사람과 함께 있어 괴로운 나라보다는 아마도 훨씬 행복할 것이다. 머지않은 미래에, 우리는 서로의 거울에 깃든 어둠을 어떻게 닦아내줄 것인가.

역사적 혼돈의
파괴공학

역사는 범죄와 재난의 기록에 지나지 않는다.

—볼테르, 『풍속에 대하여』에서

연달은 폭발음에 거대한 빌딩이 폭삭 주저앉아 무너진다. 눈
송이가 손등 위에 내려앉는 것처럼 얌전하다. 건축물의 마디
와 마디, 혈(穴)과 혈마다에 정밀하게 계산해 장치해놓은 폭
약을 완벽한 순서에 따라 터뜨려 주변에 전혀 피해를 입히
지 않으며 해체해버리는 파괴공학. 어두운 책을 덮은 채 이
러한 광경의 동영상을 물끄러미 보고 있자니 놀라움이 아니
라 조용한 슬픔 같은 것이 밀려온다. 우리의 비극적인 역사
에도 파괴공학이 가능해 흉물스러운 상처들과 강퍅한 모순
들이 아무런 부작용 없이 말끔히 철거될 수 있다면 얼마나
좋겠는가. 하지만 인간이 악마의 탈을 쓰고 저질러버린 역사
안에는 물질과 물질 아닌 것들이 마구 뒤섞여 있어서 요술
같은 과학이, 설혹 과학 같은 요술이 있다 한들 그저 무용할
뿐이다. 게다가 인간을 포함한 모든 물질들을 불살라버리는
인간의 원한은, 천국과 지옥이 정직한 물질이 아니라 인간의

영혼에 대한 거짓말인 것처럼, 애매한 천국을 핑계 삼아 버젓이 생지옥을 건설하면서도 결코 어딘가로 내다버릴 수 있는 물질이 아니다. 그러니 이해할 수 없는 책의 한 문장에 문득 마음이 머무르듯, 홀연 꽃잎이 떨어지는 것처럼 죽어버리는 어느 건축물을 바라보는 일은 기이한 화두이자 애틋한 선(禪)인 것이다.

통일 대한민국은 조선민주주의인민공화국의 권력층과 그 결사 보위 세력의 참담한 만행들을 어떻게 처리할 것인가? 조선노동당과 조선인민군, 국가안전보위부, 인민보안부, 검찰소, 인민군 보위사령부, 강제수용소 유지 집단 등을 어떻게 재판하고 응징할 것인가? 그들로부터 고통받은 사람들에게는 어떤 보상을 해줄 것인가? 그리고 그것은 결과적으로 통일 대한민국 국민 통합에 어떠한 기여를 할 수 있을 것인가? 우리 정부는 이러한 질문들을 스스로에게 던져본 적이 있는가? 만약 그렇지 않다면 우리는 통일에 대해 정말 아무런 준비도 하고 있지 않다는 소리가 된다. 북한의 부패지수는 183개국 중 182위로 소말리아와 공동 꼴등이다. 민주주의지수는 167개국 중 167위로서 166위의 차드와는 수준 차이가 너무 난다. 언론자유지수는 아쉽게도 1점 차로 에리트레아에게 밀려 179개국 중 178위다. 실패국가지수로는 매년 세계 10위권 주위를 맴돌고 있으며, 북한이 인류 최악의 인권 탄압 국가라는 것은 이제 UN 헌장 첫 구절이나 마찬가지다. 그런 골치 아픈 상념들을 왜 일부러 갖느냐고 핀잔을 먹을지 모르겠지만, 통일을 바라거나 통일을 바라지 않는 태도는 양쪽 다 2차 오류다. 왜냐고? 당신이 통일을 바라든, 바라지 않든, 통일은 어느 날 갑자기, 반드시 찾아올 것이기 때문이다. 우리는 평화와 번영은 고사하고 최소한의 안전 확보를 위해서라도 통일을 숙고해야 한다.

독일 통일이 임박하자 동독 국가공안국(Staatssicherheitsdienst, 일명 Stasi)의 직원들은 모든 걸 버려두고 도망쳤다. 당시 슈타지의 정식 직원은 10만 명, 비공식 직원은 20만 명 정도였다. 일렬로 늘어놓으면 180킬로미터에 이른다는 슈타지 비밀문서에는 동독인 400만 명, 서독인 200만 명의 사찰 정보 등 민감한 사안들이 많았다. 40년 동안 슈타지는 조금이라도 흥미를 끄는 인물이라면 무조건 뒷조사를 해두었던 것이다. 슈타지 기록이 사라지길 바라는 것은 동독 정부와 서독 정부가 매한가지였다. 통일 독일 국민 통합에 영구적 손상을 가하지 않을까 우려했기 때문이다. 정치가들은 차마 그것들을 없애진 못하고 연방기록물보관소에 꼭꼭 숨겨둘 계획이었다. 그런데 1990년 9월 4일 아침 동베를린 슈타지 본부에 일군의 동독 청년들이 난입했다. 시위대는 연방기관의 감독하에 슈타지 비밀문서의 공개 결정을 통일조약 안에 포함하라고 요구했다. 단식농성과 동독의회 점거 등을 통해 기어이 기적처럼 세상 밖으로 나온 슈타지 기록은 독일민주공화국의 독성을 제거하는 역사적 조치라는 평가도 있지만 동독 출신 시민들 사이의 갈등과 불안, 서독 내 슈타지 간첩 문제 등을 증폭시키며 허위 정보 유출로 선량한 피해자를 양산한다는 비판도 제기되었다. 슈타지 비밀문서는 현대판 판도라의 상자였던 것이다.

　서독은 동독의 국경 탈주자에 대한 사살 행위를 중대한 반인륜적 범죄행위로 규정하고 사살 명령 하달자를 끝까지 처벌한다는 방침하에 동독범죄기록소(Zentrale Erfassungsstelle)를 설치했다. 그 명분은 첫째, 동독 주민의 인권에 대한 관심을 환기한다는 점. 둘째, 통일 후의 법치 확립을 위해 정치적 목적으로 악행을 저지른 자들을 처벌할 근거를 마련한다는 점. 셋째, 언젠가 동독 지역이 어떤 식으로든 자유민주국가가 되면 자연법적 질서를 어긴 악행은 대가를 치르게 된다고 경고함으로써 가해자들이 폭압 행위를 자제토록 해야 한다는 점 등이 있었다. 나치 전범들을 지속적으로 추적하기 위해 설립한 나치만행기록소(Zentrale Stelle der Landesjustizverwaltung)를 모델로 삼은 동독범죄기록소는 스탈린주의희생자협회, 베를린장벽설치관계자조사협회, 국제인권연맹 등의 조직과 활동 역시 참고했는데, 이것은 통일 뒤 동독 지역 사법 체계 신설을 위한 동독 판·검사 재임용 심사 자료, 동독 치하에서 박해받은 사람들의 복권 및 보상 심사 자료, 반법치국가적 범죄행위 가담자에 대한 처벌 자료 등으로 요긴하게 활용되었다. 그러나 서독 형법 체계가 주로 개인의 법질서에 관련돼 있었으며 통일조약에서도 '당시 동독법으로는 합법'이라는 행위지법 우선 원칙을 수용토록 규정하였기 때문에 동독 정권 차원의 불법행위를 사법처리하는 것을 반대하는 여론도 만만치가 않았다. 그럼에도 불구하고 통일 독일 정부는 우선 1949년 10월부터 1990년 10월까지 발생한 모든 동독의 불법행위에 대해 '시효정지법'을 제정하였으며 연방검찰로 하여금 에리히 호네커 전 동독 공산당 서기장 등 총 열세 명을 살인교사 혐의로 구속 기소토록 했다. 그러나 법원은 1992년 말 "나는 죄가 없다."고 항변하는 호네커를 병보석으로 석방하고, 1994년에는 노령을 이유로 에리히 밀케 슈타지 장관 및 빌리 슈토프 인민회의 의장의 재판을 중단하였다. 동독의 무소불위 권력자였던 밀케는 석방된 지 6년 뒤 아흔세 살의 나이로 사망, 베를린 소재 공동묘지에 안장돼 있다. 결국 하인츠 케슬러 국방부 장관 등 세 명에 대해서만 4~7년의 금고형이 선고되었으나 이마저도 이들이 1994년 7월 헌법재판소에 위헌심사를 제기함으로써 형집행이 중단될 수밖에 없었고 이로서 "발포 명령자는 간데 없고 방아쇠를 당긴 자만 법정에 선다."는 푸념이 유행했

다. 일부 기소된 슈타지 요원들도 증거 불충분을 이유로 대부분 처벌받지 않았다. 국민적 화해 달성이라는 당면 과제를 앞두고 있던 통일 독일 정부는 법적, 정치적 처리에 의한 과거청산을 더 이상 진전시키지 않았으나 사회주의통일당 불법 정권 피해자들에 대한 복권과 보상은 비교적 적극적이었다. 통일 대한민국의 통일 비용에는 조선민주주의인민공화국에 대한 천문학적인 과거청산 비용이 마땅히 포함돼 있어야 할 것이다.

슈타지 전력을 적용하는 일관된 판단 기준이 없는 탓에 귀결은 제멋대로였다. 예를 들어 서독 출신의 고급 인력들이 몰려가던 동독 대학교와 그 산하기관에서는 엄격하게 처리된 반면, 서독으로부터의 인력 공급이 부족했던 법률(판사, 검사) 분야에서는 슈타지 연루자들의 해고가 어려웠다. 경찰 공무원 역시 서독 쪽에서 동독 지역으로 투입할 수 있을 만큼의 잉여 인력은 존재하지 않았다. 현재 한국군은 인원은 감축하고 무기와 장비는 현대화하는 작업이 한창이다. 그러나 통일 시대를 감안한다면 군인의 수는 계속 증원되어야 할 것이다. 상당 기간 한국군이 경찰과 공무원 대신 이북 지역의 치안과 행정을 관리해야 할 것이기 때문이다. 또한 이북 지역의 청소년들이 남한 출신의 교사들에게만 수업을 받으려는 상황도 염두에 두고 대책을 마련해야 할 것이다. 통일 독일에서 동독 출신의 교사들은 중요 재교육 대상이었다.

1989년 가을부터 동독의 전체주의 사회질서가 와해되는 과정에서 동독 시민들의 분노는 사회주의통일당이 아닌 슈타지와 그 앞잡이들에게 우선적으로 쏠렸다. 때문에 동독 체제의 근간이었던 사회주의통일당의 청산은 부실해졌으며 기타 체제 유지 기관의 전환 작업도 상당히 제한적일 수밖에 없었던 것이다. 통일 대한민국의 경우도 국가안전보위부나 강제수용소 문제 등을 처리하는 과정에서 군부나 노동당의 정리가 제대로 이루어지지 않을 수 있다.

"신조차 과거를 개혁할 수는 없다."고 읊조렸던 아리스토텔레스의 비관은 진정 온당한 것인가? 그것은 비관이 맞기는 한 것인가? 조선민주주의인민공화국에 대한 과거청산은 이 21세기에도 우리를 끈질기게 괴롭히고 있는 친일파 청산과는 감히 비교할 수도 없이 난해한 숙제일 것이다. 제국주의의 식민지인으로서 정복자에게 빌붙어먹은 것과 지옥에서 악마로 지낸 것은 차원이 다르다. 망해버린 그 지옥에서 악마였다는 것은 과연 심판의 대상이 될 수 있을 것인가? 자격 따위는 차치하고서라도, 우리에게 그것을 제대로 심판할 만한 능력이 있기는 한 것인가? 이 전대미문의 '루시퍼 이펙트(Lucifer effect)'는 대체 어떠한 합리와 법리로 다루어져야 할 것인가. 김일성 동상 3만 8000여 개가 서 있는 저 얼어붙은 나라는 그 풍경만이 초현실적인 것이 아니라는 뜻이다. 전체주의의 상상력을 훨씬 뛰어넘는 저 악마의 시스템이 조종한 인간의 죄는 통일 대한민국의 사법부에게 깊은 회의와 붕괴에 가까운 한계를 절감하게 만들지도 모른다. 더욱 끔찍한 사실은, 공적 심판의 기능을 상실한 사회에는 사적 보복이 횡행하게 되리라는 점이다. 지옥에서 악마들에게 온갖 고초들을 당하면서도 기어이 살아남은 사람들이 그 지옥문이 바수어진 뒤 풀이 죽은 인간으로 되돌아온 채 뒷골목을 서성이게 된 예전의 그 악마들을 찾아내 살육하기 시작하는 것이다.

이것은 비극이라는 단어로는 변명이 안 통하는 무지막지한 혼돈이다. 그러나 무너진 건물의 잔해더미를 치우며 누군가는 분명 재건을 꿈꾸기 마련이다. 어쩔 수 없이 그 누군가가 다름 아닌 우리여야 한다면, 역사가 범죄와 재난의 기록에 지나지 않는다 하더라도, 나는 "이 세상 혼란의 원인은 대부분이 문법적이다."라고 속삭였던 몽테뉴의 통찰을 애써 믿고 싶다. 탱크의 무한궤도가 짓이기고 갔을망정 세월이 흐르고 나면 다시금 홍등의 거리가 펼쳐지듯이 벽돌 한 장, 한 장, 통일 대한민국의 새로운 도시와 문명은 반드시 키가 커 갈 것이다. 우리는 그 어떤 재난과 혁명적 상황에서도 불길한 운명의 노예가 될 수는 없다. 우리는 알아야 하고 섬세해야 하고 우리의 운명을 낮이든 밤이든 줄곧 주도해야 한다. 우리는 언감생심 행복은커녕 우선 서로를 괴롭히지 않기 위해서라도 변화를 받아들여야 하며 역사적 혼돈을 구원하는 파괴공학을 더 늦기 전에 당장 상상하기 시작해야 한다. 신조차 과거를 개혁할 수 없다면, 우리가 신을 개혁하면 된다.

바로 그 용기와 의지가 새로운 희망의 문법이 될 것이기 때문이다.

복수하는 자들과
반역했던 자들의 지옥별에서

너 젊은이여, 너의 의견이 반대됨에도 불구하고 너는

흡혈귀를 친구로 가졌으니 절망하지 말라. 옴을 일으키는

옴벌레를 계산하면 너는 두 친구를 가진 셈이다!

—로트레아몽, 『말도로르의 노래』에서

통일 대한민국의 어느 날, 조선인민군 출신 폭력 조직 '대동강'의 단원들이 지하 아지트에서 질펀한 술판을 벌이고 있다. 텔레비전에서는 통일 대한민국과 아랍추장국(아랍에미리트)의 2018년 러시아 월드컵 예선 경기가 한창이다. 통일 대한민국 축구 대표팀에는 이북 출신도 섞여 있다. 비록 세 명밖에는 안 되고 그것도 수비수뿐이지만 그 선수들을 통해서라도 2등 국민의 한을 풀어보고 싶은 것은 통일 대한민국에서 살아가는 모든 이북 출신 국민들의 한마음일 것이다. 오전에 병기 점검을 마친 대동강 단원들은 각자 허리춤에 차고 있는 권총 말고도 칼라슈니코프 돌격총으로 불리는 AK-47 소총과 5.45밀리 자동보총을 제 옆에 끼거나 기대어 두고 있다. 최영환이 연거푸 보드카를 목구멍으로 털어 넣는

다. 과거 그는 조선민주주의인민공화국의 강제수용소 경비
대원이었다. 한 남자 수감자가 처형당하는 것을 본 한 여자
수감자가 비명을 질러댔다. 그녀는 아들이 자신과 같은 강제
수용소에 갇혀 있다는 사실을 몰랐다. 그녀는 아들이 총살
당하는 것을 보지 않으려고 자기 눈알을 손톱으로 할퀴었는
데 이 때문에 결국 처형당했다. 예수를 믿다가 잡혀온 100여
명의 여성 수감자들이 있었다. 신앙을 포기시키면 주어지는
포상을 노린 경비대원들은 이들을 격리 감금해 더욱 가혹하
게 학대했다. 장마철에 김옥단이라는 여신자가 노역을 하다
실수로 오수 탱크에 빠졌다. 수심이 너무 깊어 빼내려면 밧
줄이 있어야 했다. 그 현장을 책임지던 경비대원은 그냥 내버
려두라고 했다. 지시를 무시하고 다른 기독교 신자 여성 두
명이 오수 탱크 안으로 김옥단을 구하기 위해 들어갔다. 경
비대원은 오수 탱크의 뚜껑을 닫아버렸다. 그녀들은 질식해
숨졌다. 경비대원은 시체들을 오수 탱크에서 아예 꺼내지도
않았다. 죄책감이 있었건 없었건 간에 그가 김옥단을 잊을
수는 없었다. 최영환은 통일 이후 이북에서는 복수가 두려

위 도저히 살 수가 없었다. 이남에 혈혈단신 내려와 '대포 인
간'이 되었다. 인민군 제대증을 위조해 대동강에 입단해서는
김덕곤과 한 조가 되었다. 김덕곤과는 성격이 잘 맞아 형제
처럼 위하면서 지냈다. 그러던 어느 날 술자리에서 김덕곤이
제 누이 김옥단의 최후를 눈물로 하소연하면서 형님과 이름
이 똑같은 강제수용소 경비대원을 반드시 찾아내 잘근잘근
씹어 먹어버리겠다고 이를 갈았을 때 최영환은 심장이 멎는
것 같았다. 게다가 그 김덕곤이 지금 최영환 자신의 사진을
흥신소 직원에게 받으러 밖으로 나간 터였다. 통일 대한민국
은 페널티킥을 실패한 뒤 두 골을 더 빼앗겨 아랍추장국에
3대 1로 지고 있다. 이북 출신들은 차례차례 이남 출신으로
전원 교체된다. 그새 나타난 김덕곤이 최영환 앞에 앉는다.
대동강 단원들이 원수 놈의 사진은 구했느냐고 묻는다. 김덕
곤은 낯빛이 엉망이다. 아무 대꾸도 없이 보드카를 맥주컵
에 가득 따라서 한꺼번에 마신다. 최영환은 부르르 떤다. 김
덕곤이 최영환을 똑바로 쳐다본다. 김덕곤의 오른손이 권총
이 있는 허리춤으로 간다. 최영환이 5.45밀리 자동보총을 집

어 들어 미친 듯 사방에 쏘아댄다. 콘크리트 파편들과 연기 속에서 끝까지 멀쩡하게 서 있는 자는 최영환뿐이다. 최영환이 팔과 다리에 총을 맞고 나자빠져 있는 김덕곤에게 다가간다. 김덕곤이 최영환을 올려다본다. "형님, 형님. 이게, 으, 이게 다, 어, 무슨 난리요?" "너, 원수 사진 구했니?" "아니오. 아니오. 으, 못 구했단 소리 들었습니다." 아까 김덕곤은 찻집에서 흥신소 직원을 만났다. 그는 백방으로 노력했지만 성과가 전혀 없었다면서 아무래도 최영환은 죽은 게 아니겠냐면서 그만 일을 중단하겠다고 했다. 좀 전 김덕곤의 오른손이 허리춤에 갔던 것은, 흥신소 직원이 돌려준 선금의 반인 현찰 뭉치를 꺼내 보이면서 이 돈으로 자기가 술을 더 사겠다고 하려던 거였다. 최영환이 김덕곤에게 말한다. "내가, 네 누나를 죽인 그 최영환이다." "네?" 최영환은 김덕곤의 가슴으로 5.45밀리 자동보총을 연거푸 쏜다. 흩어져 비명을 지르고 있는 대동강들에게도 쏴댄다. 이윽고 최영환은 자동보총을 바닥에 내려놓는다. 아무도 믿지 않을 것이고 어떠한 변명도 못 되겠지만, 그때 조선민주주의인민공화국의 강제수용소에

서 그는 그래야 되는 줄 알았고 그게 죄라는 것도 몰랐다. 그
것이 그 개만도 못한 위대한 조국에서 그가 보낸 청춘의 전
부였다. 최영환은 허리춤에서 권총을 빼내 제 정수리에 대고
방아쇠를 당긴다.

내가 예언서를 쓰고 싶은 건 전혀 아니지만, 위와 같은
비극이 통일 대한민국에 일어나지 않으리란 보장이 없다. 북
한 강제수용소 피해자들이 통일 대한민국 안에서의 사법적
응징의 한계를 절감하고 스스로 사적 처벌을 사방에서 감행
한다. 물론 도망자들은 얼굴을 성형하기도 하고 이름을 바꾸
기도 한다. 그리고 그런 자들을 전문적으로 추적하는 직업도
생긴다. 통일 이후 주민등록이 되지 않은 이북 사람들이 이른
바 대포 인간으로 생산돼 주로 범죄에 이용된다. 누차 하는
말이지만, 절대로 소설은 현실의 무자비함을 따라가지 못한
다. 선입견과는 달리, 소설가는 태생이 소심할 수밖에 없다.

현재 남한에 있는 북한 강제수용소 체험자들은 남한 사
람들의 북한 인권에 대한 무관심에 질려버렸다. 그들의 체험
담과 고백은 오히려 서구에서 조명받고 있는 현실이다. 그런

한심함을 차치하고서 우리가 명심해야 될 점은, 통일 뒤 이북 사람들을 단순한 민족 화합 층위에서가 아니라 문명충돌의 관점에서 파악해야 하는 것과 마찬가지로, 지금 북한의 강제수용소 상황은 단순한 인간 학대가 아니라 나치의 홀로코스트를 넘어서는 수준이라는 것이다. 아우슈비츠에서는 엄마와 아들이 꼭 끌어안고 가스실에서 죽었지만, 조선민주주의인민공화국의 강제수용소에서는 그곳에서 태어나 자란 아들이 제 엄마의 절규 같은 불평을 신고해 처형시킨 대가로 쉰 강냉이밥 한 덩이를 아무런 죄책감 없이 후루룩 삼킨다. 이것은 인류 역사상 최악의 야만이다. 우리 사회는 아우슈비츠가 열렸을 때 유럽 문명이 감당해야 했던 충격 이상의 정신적 외상을 치유하는 데에 엄청난 대가를 치러야 할 것이다. 상처는 새로운 숙주를 찾아 마구 독해지며 이동하기 때문이다.

역사학자 게오르크 헤르브스트리트는 2007년 저서 『동독을 위해 간첩 활동을 한 서독 주민(Bundesbürger im Dienst der DDR-Spionage)』에 40년간의 동·서독 분단 시절 1만 2000

여 명의 서독 주민이 슈타지의 간첩으로 활동했다고 썼다. 슈타지는 해외공작총국 20개과 4000여 명을 중심으로 서독의 정치, 경제, 문화 등 거의 모든 분야에 간첩을 침투시켰는데, 1960년대 후반 빌리 브란트의 동방정책과 1972년 동·서독 기본조약 덕에 그 기세는 더욱 왕성해졌다. 1980년대 말 기준으로 본과 서베를린에서만 1900여 명, 통일 직전까지 서독 전체에서는 총 2~3만 명의 간첩이 암약한 것으로 밝혀진 것이다. 물론 당시 서독인들은 동독의 간첩 공작이 지속되고 있다는 정도는 알고 있었지만 끊이지 않고 적발되는 대표적인 사례들조차 큰 이목을 끌지는 못했다. 간첩 사건이 동·서독 긴장 완화에 걸림돌로 작용하는 것을 우려했으며, 헌법보호청을 포함한 서독의 정보, 안보 기관들이 자유민주주의의 파수꾼으로 인정받긴커녕 옛 게슈타포의 부정적 이미지로 폄하돼 주눅이 들어 있었던 것이다. 동방정책이 본격화된 1970년대에 들어서는 간첩 혐의 사법처리도 현저하게 감소, 1964년 200건이었던 것이 1970년에는 27건에 불과했다. 이에 반해 슈타지는 동독 주민들은 서독 이주 허용과 범죄자들의 형벌 경감 등을 미끼로, 서독 주민들은 금전 제공과 UN 등의 국제기구, 프랑스와 영국 등의 정보기관을 가장해 포섭했다. 특히 서독 대학생을 '잠재적 공작원'으로 분류, 장학금과 취업을 미끼로 장차 활용 가능성이 큰 분야에서 커리어를 쌓도록 유도했으며 심지어는 수려한 외모의 남성 공작원(Romeo)을 파견, 서독 정부와 정당에 근무하는 독신 여비서들을 성적으로 유혹하고 결혼하는 것까지 작전 수단으로 삼았다. 2009년에는 1967년 반정부 좌파운동을 촉발하였던 시위 학생 총격 피살 사건이 슈타지에 의해 배후 조종되었음이 드러나 세간이 발칵 뒤집혔는데, 이것은 1971년부터 1989년까지 서독 연방정보부(BND)의 고위 관료였던 슈플러가 동독에 대한 NATO의 공습 지점, 서방세계의 무선교신 및 감청 기술, BND의 조직 및 직원 현황 등을 동독에 넘긴 사실과 브란트 총리의 측근 귄터 기욤이 일급 간첩이었다는 것, 그리고 1972년 4월 27일 브란트에 대한 총리 불신임 투표 부결이 슈타지의 서독 의원 매수 공작 덕이었다는 것에 비하면 그리 놀랄 만한 일도 아니었다.

우리는 서로에게 흡혈귀와 옴벌레가 되어야만 하는가? 빅토르 마리 위고는 "복수는 개인의 일이며, 벌은 신의 일이다. 사회는 양자의 중간에 있다. 징벌은 사회보다 이상의 것이며, 복수는 사회보다 이하의 것이다." 라고 『사형수 최후의 날』에 썼다. 우리 사회는 멀지 않은 미래에 징벌과 복수 사이에서 방황하며 괴로워할 것이다. 기괴한 최면과 환상, 신비한 전율과 절망, 광적인 아름다움과 염세, 불신과 저주, 반항과 파괴로 점철된 악마의 세계를 노래한, 1870년 몽마르트르의 하숙집에서 스물네 살로 고독한 생애를 마친 저 프랑스 상징주의 시인의 위악에 대한 수사와 뉘앙스는 있는 그대로 괴롭기는커녕 달콤하다. 그러나 우리의 내일은 오늘이 우리에게 이러한 것처럼 냉정한 현실일 것이다. 인생의 달콤한 비극에 취하는 것은 문학 안에서면 족하다. 흡혈귀가 흡혈귀에게 보복하고 나에게 옴벌레였던 그를 찾아내 재판해야 하는 우리의 지옥별은 얼마나 뜨거울까. 우리는 흡혈귀와 옴벌레가 우리의 친구라는 것을 알게 되었을 때 대체 그 어떤 위악으로 그 슬픔의 강을 건너갈 것인가. 어떻게 그 부조리의 연옥에서 탈출할 수 있을 것인가. 통일 이전에 북한에서 남한의 적이었든, 남한 안에서 남한에 반역했든, 어차피 그들은 통일 대한민국에서는 지옥의 시민인 것이다. 간음의 주홍글자 정도가 아니라 핏빛 죽음의 문장(紋章)이 찍힌 자들로 가득 찬 그것이 우리가 살아가야 할 나라라면 우리는 감히 행복을 이야기할 수 없을 것이다. 쫓고 쫓기는 자 어느 쪽에서든 가슴이 찢어지고 생명이 위태롭다는 점에서, 그것은 완벽한 고통 직전의 고통, 곧 영원한 지옥을 뜻한다. 그들을 어떻게 '상처받은 치유자들(wounded healer)'로 승화시킬 수 있을 것인가에 대한 고뇌가 당장 지금부터 필요하다. 우리는 우리의 상처를 모래 위에 기록할 수 없다. 우리가 바위가 아니라 인간이기 때문이다. 그러나 인간들은 상처를 통해서만 서로를 깊이 이해할 수 있다. 예수가 인간과 결합된 것도 십자가에 못 박힌 그 상처를 통해서였다. 비록 우리는 악마보다 못한 인간이지만, 기어코 우리가 상처를 극복하고 다시 일어섰을 때 언제든 우리는 무심한 신보다 훨씬 숭고해진다. 서로 쫓고 쫓기며 죽이는 미래의 저들 말고도 우리는 서로에게 흡혈귀와 옴벌레가 아니라고 자신할 수 있는가. 부끄럽지 않은가. 대한민국은 지금도 절반씩 나뉘어서 살의를 느끼며 살아가고 있지 않은가. 이 대혼돈을 대체 어찌할 것인가. 서로 죽여버리게 놔둘 수는 없다. 우리는 우리의 그림자를 무지개로 만들어야 한다.

행복과 불행의
변증법을 꿈꾸며

국가가 조국인 것은 아니다.

그것을 혼동하는 것은 그것에 의해 돈을 버는 무리들뿐이다.

—로맹 롤랑, 『클레랑보』에서

행복이란 무엇일까? 이것은 '사랑이란 무엇일까?', '인생이란 무엇일까?'라는 질문처럼 너무 모호하고 난감하다. 그러나 가능한 상식선에서 애써 표현하자면, 행복은 절대적이고 수동적이라기보다는 상대적이고 주체적인 개념이며, 물질적 풍요와 영혼의 평화가 적절한 균형을 이루고 있는 상태, 대강 그 정도가 아닐까 싶다. 행복은 반도체다. 먼지 한 점이 묻거나 눈곱만큼이라도 금이 가면 행복은 당장 불행으로 변질하는 까닭에 행복은 불행보다 늘 사뭇 폭력적이다. 이래서 인간은 철학으로도 배가 고파 종교에 애걸하는가 보다. 물론 인간에게 종교를 강요하는 것은 삶이 아니라 죽음이지만, 영악한 인간이 평상시 죽음이라는 것을 까맣게 잊고 지내는 것을 감안할 때, 인간에게 종교를 소비하게 만드는 가장 큰 요인은 행복의 불안정성인 것이다. 우리는 무엇이든 아무 조건 없이 그냥 좋아할 수는 없는 것일까? 우선은 불행을 담담히 인정해야 한다. 그러면 어느새 용기를 얻은 듯 행복해진다. 이것이 바로 행복에 대한 불행의 역설이다. 행복을 놔둬 버리고 더 애틋한 것에 진지한 의미를 둘 때 우리의 행복은 비로소 불행을 지나쳐 걸어 나아가기 시작한다. 가령 이런 것. "나는 너를 만나서 좋았다. 좋다는 것은 행복하다는 것과는 다르지. 행복은 불행 속에는 있을 수 없지만 좋다는 것은 불행 속에도 있으니까. 나는 너를 만나서 좋았다." 어쩌면 이러한 마음이 행복의 요체인지도 모른다.

신탁청(Treuhandanstalt)은 1990년 6월 「동독 국유재산 사유화에 관한 신탁법」에 근거, 독자적 회생 가망이 없는 동독 기업들의 신속 매각 등을 통한 사유화 작업을 진행하기 위해 설립돼, 1994년 업무 종료 시까지 동독 기업(1만 5102개), 상점·식당·호텔(2만 5030개), 부동산(4만 6522건) 등을 처리하였다. 그러나 이 같은 업무 성과에도 불구하고 신탁청 관계자들이 고임금과 커미션을 챙겼으며 구매자 선정도 일방적이고 자의적이었다는 비난이 일었을 뿐만 아니라 일부 공장

과 시설 등은 상당한 가치를 무시당한 채 단돈 1마르크에 매
각되기까지 했다. 당연히, 동독 주민들은 신탁청을 '일자리
박멸청'으로 비꼬는 한편, 기업 매각에만 몰두하여 동독의
경제 기반을 마구잡이로 사유화한 결과 기업 도산이 속출했
다고 분통을 터뜨렸다. 동독 붕괴 직전 동독 정부는 국영기
업의 재산 가치를 총 5800억 마르크로 추정했으나 실제 신
탁청 사유화 과정에서 밝혀진 규모는 고작 10분의 1도 안 되
는 399억 마르크에 불과했다. 때문에 신탁청은 기업 정비를
위해 엄청난 비용을 쏟아 부어야 했으며 업무 결산 시에는
당초 흑자 예상과는 달리 2044억 마르크의 채무가 발생하였
다. 이는 대부분 공채에 의해 충당됐고 곧 국민들의 세금 부
담으로 귀결되었다. 게다가 절차가 복잡하고 기간이 오래 걸
린 신탁청의 기업 매각 과정은 투자 유치에 장애 요인으로
작용했으며, 전기·가스·항공 등 대규모 국유기업을 자본이
풍부한 서독의 대기업이 주로 인수했기 때문에 독과점 구조
가 심화되는 부작용이 발생했다.

　북한에는 통일 뒤 인수할 만한 기업이 아예 없으니 도리

어 기뻐해야 할까? 웃어넘기기에는 이 아량이 지나치게 우울하다. 남한의 부정부패가 서독의 부정부패보다 더 심각하리라는 것은 불을 보듯 빤한 일이다. 남한 자본주의의 무자비함이 북한이라는 신개척지를 발견했을 때 자행할 만한 모든 불법적, 투기적 상황들에 대하여 우리는 미리 반성해두어야 한다. 공산 전체주의 사회의 모든 재화들을 자유시장 경제화하는 데에 필요한 온갖 과정들과 그 결과들을 세심히 연구해두어야만 할 것이다. 남한 자본주의의 건강성을 서둘러 확보하고 여러 취약성들을 확실히 개선하지 않는다면 통일 대한민국은 지금 남한의 그것과는 비교할 수도 없이 강력한 경제적 비도덕에 휩싸여 신음하게 될 것이다. 또한 중국이 잠식해버린 북한의 지하자원과 사회 재화들을 어떻게 처리, 인수할 것인지에 대해서도 면밀히 고찰하고 방안을 마련해야 한다. 통일 독일의 동독 지역에서는 외국기업들이 기왕에 매입했던 토지나 건물에 갑자기 새로운 소유주가 나타나는 사태가 빈번하면서 외자 유치를 통한 경재 재건이라는 목표에도 악영향을 끼쳤다. 당시 브로이엘 신탁청장은 과거 동독 공산당에 의해 몰수됐던 재산에 대한 반환 원칙이 투자를 저해시키는 탓에 시정을 요구했고 정부는 원소유주보다 투자자를 우선하며 원소유주에게는 금전으로 보상한다는 등의 다양한 예외 조항을 신설하였다. 그러나 원소유주가 외형상 유사한 효과의 투자 계획을 제출하면 우선권을 얻게 되어 결국 당국은 각종 투자 계획의 진실성과 유효성을 검증하느라 골머리를 앓았다.

아무래도 통일 대한민국의 북한 경제 사유화 정책에는 부동산이 그 핵심을 이룰 것이다. 통일 독일의 경우, 토지·임야·주택·대지·공장 등 각종 부동산을 대상으로 동독과 나치 시대에 국유화 또는 몰수된 재산을 원칙적으로 원소유자나 그 상속인에게 현물 반환하고 예외적으로 현금(또는 여타 방법)으로 보상한다는 '선반환, 후보상' 원칙이 수립되면서 소유권 분쟁이 동시다발적으로 발생하였다. 서독 거주 원소유주가 대부분인 110만여 명이 237만 건의 각종 재산권 심사 청구서를 제출하고 소유권 반환을 요구했다. 특히 소유권 반환 청구의 절반가량이 동독 주민의 주택과 토지를 대상으

로 한 것이어서 심각한 사회문제를 유발시켰는데, 통독 정부는 정당한 취득자나 점유자를 위해 일부 보호 장치를 마련했지만, 많은 동독 주민들이 거주하고 있는 주택에서 쫓겨날 위기에 처하고 말았고, 베를린과 그 주변 지역 등은 부동산 투기가 극심해졌다. 주택·토지 반환 청구는 베를린에서만 60만 건이 집중되었고 베를린 시내 일부 지역에서는 주택 세채 중 한채가 소유권 분쟁에 휘말렸다. 상황이 날이 갈수록 격화되자, 동독 지역의 서민 정당인 동맹 90(Bündnis 90)의 지구당 위원장이 자신의 집에서 목을 매 자살하는 사건까지 발생했다. 그는 유서에서 주택 원소유주가 가해온 압박을 기술하면서 "가족을 재난으로부터 지켜야 할 가장으로서 택할 수 있는 유일한 길이 공개적 죽음"이었노라 절규했다. 남한에는 아직도 이북 지역의 땅문서, 집문서 등이 보관돼 있는 집안이 적지 않다. 500만 실향민과 그 후손 가운데 한반도 분단 과정에서 북한 공산당에게 빼앗겼던 재산에 대한 미련 이상의 재취득 의지를 가지고 있는 경우가 적지 않다는 뜻이다. 왜 안 그렇겠는가. 친일파의 후손들도 제 잘난

선조의 땅을 척척 되찾아가는 대한민국이다. 남한과 북한은 양측이 모두 토지개혁을 실시한데다 북한 지역은 토지대장 등 과거 재산의 입증 자료가 소멸되어 재산권 문제 처리 과정이 훨씬 단순해질 것으로 예상된다는 시각은 그야말로 물귀신 주제에 노후를 논하는 낙관이다. 백번을 양보해 그러한 공상이 실현된다고 해도, 이북 사람들은 자신들의 조국을 이남 사람들이 강도질해 버젓이 시장에 팔아넘긴다고 감각할 것이다. 정당성이야 어찌됐든, 그것은 유린당하는 자의 심정이다. 다만, 동독의 경우 토지와 주택의 절반 이상이 이미 사유화돼 있었고 통일 후 동독 재산의 가치가 급격히 하락하여 동독 주민들에게 재산을 분배할 수 있는 여력이 없었다. 북한의 경우는 모든 부동산이 국유화돼 있고 통일 후 북한의 부동산 가치가 훨씬 높아져 북한 주민들에 대한 국유 재산 분배 여력을 가질 수 있을 것으로 예상된다. 따라서 부동산의 국유화 조치와 북한 주민들에 대한 재산 분배, 배상 대책을 검토해둘 필요가 있다. 하지만 아무리 노력한다 한들, 사회주의적 의존성에 물든 북한 출신 국민들은 남한 사람들의 태연한 졸부 근성에 피 흘리는 제물이 되기가 십상일 것이다.

서독은 동독과의 빈번하고 다양한 교류를 통해 동독 경제를 비교적 상세히 파악하고 있다고 판단했으나 통일 후 그것이 오류이자 오만이었음이 밝혀졌다. 남한의 북한에 대한 각종 자료들은 심한 왜곡은 물론이요 파악조차 돼 있지 않을 공산이 크므로 경제 통합 계획 수립 시 이를 충분히 명심하고 만전을 기해야 할 것이다. 동독 지역에서는 1990년대 정부의 과도한 건설 경기 촉진책에 힘입어 기업들이 많은 주택을 건설했으나, 수요 판단 착오로 2010년 현재 공실화된 주택이 약 120만 호에 이르고 있다. 이는 전체 주택 중 13퍼센트에 해당된다. 그렇게 된 주된 이유는 동독 주민들이 대거 서독으로 이주해버렸기 때문이고, 이는 엄청난 재정 손실 및 도시 전체의 기능을 마비시켜 무서운 경제적, 사회적 문제를 야기하고 있다.

서독은 연금보험, 실업보험, 건강보험, 상해보험 등 완벽한 사회보장 체제를 갖추고 있었고 각종 사회보장 기금들이

건전성을 유지하고 있어서 통일 비용 조달에 큰 도움이 되었다. 우리로서는 정말 꿈같은 일이다. 통일 독일이 겪은 고통의 상당 부분은 경제적 판단을 유보한 채 정치논리로 모든 것들을 판단해버린 헬무트 콜과 기민당의 탓이 컸다. 대한민국 정부는 통일 이후 북한에 대한 경제개발 정책을 철저하게 구축하고 있어야 한다. 그리고 그것이 '인간의 얼굴을 한 야만'이 돼 이북 사람들을 학대해서는 절대 안 된다. 이념은 인지상정을 무시한다. 이념은 당위뿐이다. 그래서 오로지 하나의 이념의 토대 위에 세워진 체제는 아무리 잔인하고 뻔뻔한 짓이라도 서슴지 않으니 고로 한없이 위태롭다. 그래서인가. 에리히 프롬은 『인간의 마음』에 썼다. "소비에트 국가자본주의와 기업자본주의의 공통점은 그 두 체제의 차이점이 가지고 있는 특징보다 더 중요하다. 관료적·기계적 방법을 따르고 있는 그 두 체제는 공히 전면적 파괴를 준비하고 있다."고. 미국에 있으면 한국이 천국이고 한국에 있으면 미국이 천국인 것이다. 그게 인간이다. 천국은 제자리에 있지 않고 늘 인간의 마음속에서 천리만리를 도망친다. 인간은 과거를 잊고 불평하는 존재다. 끔찍하지만 진실이다. 통일 대한민국에서 포수에게 쫓기는 짐승처럼 자본주의에 쫓기는 어떤 이북 출신들에게 현실은 과거의 북한보다 더 혹독한 생의 강제수용소가 될 것이며, 그것이 그들에게 불러일으키는 노스탤지어라는 검은 환각은 페스트보다 더 무서운 전염병이 되어 통일 대한민국 전체를 불살라버릴 수도 있다.

프란츠 카프카는 행복에 관한 매우 신비로운 해결책을 제시한다. "이론적으로 말한다면 완전한 행복에 이를 가능성이 있다. 자기 속에 있는 영원성을 믿고, 그것을 구하려 하지 않는 것이다." 우리는 이러한 종교적인 태도를 통해서 구원을 찾을 정도로 급박한 사태, 오래전 혁명가 레온 트로츠키가 "아주 골병이 든 이러한 전반적인 사태는 전반적인 사회체제가 변혁돼야만 비로소 종결될 수 있다."고 말했던 그러한 모순 속에 갇혀 허우적거리게 될지도 모른다. 그러니 우리는 외로운 사랑의 변덕과 난감한 인생의 모호함과 느닷없는 불행의 폭력을 넘어서 서로에게 담담히 속삭여주어야 한다. "나는 너를 만나서 좋았다. 좋다는 것은 행복하다는

것과는 다르지. 행복은 불행 속에는 있을 수 없지만 좋다는
것은 불행 속에도 있으니까. 나는 너를 만나서 좋았다." 행복
에 대한 불행의 역설만이 아닌, 행복과 불행의 변증법, 서로
가 서로의 영원성을 믿고 아무것도 바라지 않는 마음. 그렇
다. 일단 이론적으로는 가능하다. 그 나머지는 우리의 피와
눈물, 서로를 바라보는 눈동자에 비친 서로의 모습이 대답해
줄 것이다.

운명의 주인인 국가와
운명의 노예인 국가

국민이란 스스로 국민이 되고자 하는 사람들의
집합체라 할 수 있을 것이다.
—마루야마 마사오, 『일본정치사상사연구』에서

　자신이 생사의 갈림길에 서 있다는 사실을 아예 애초부터 모르는 자는 안타깝기라도 하다. 하지만 자신이 생사의 갈림길에 서 있다는 사실을 일부러 모른 척하다가 그것이 고질병이 돼버린 끝에 정말 모르게 돼버린 자가 있다면 그는 너무나 한심한 나머지 어떤 불행 앞에서도 차마 동정의 여지가 없을 것이다. 이는 국가도 마찬가지인데, 마침 대한민국이 딱 그 꼴이다. 조선민주주의인민공화국이 저런 극한의 야만으로 전락해버린 마당에 연방제 통일 방안 따위는 구석기 정신병자들의 희망사항이다. 당위가 아니라 과학으로서, 이제 한반도 통일에 대한 경우의 수는 다음 세 가지뿐이다. 첫째, 북한이 붕괴하고 그것을 남한이 흡수한다. 둘째, 북한이 붕괴하고 그것을 중국이 흡수한다. 셋째, 제2의 6·25 전쟁이

터져 그 이후는 혼돈이다. 이중 가능성이 제일 농후한 것은 무엇일까?

우리는 통일을 바라고 있기는 한 것인가? 왜 통일을 바라야 하는가? 통일을 바라지 않는 자들에게 통일에 대한 준비가 있을 리 없을 것이다. 통일은 우리가 원하건 원하지 않건 간에 어느 날 갑자기 찾아올 것이라는 소리는 기실 건방이 하늘을 찌르는 틀린 소리다. 앞서 언급했던 두 번째 경우와 세 번째 경우가 서슬이 시퍼렇기 때문이다. 어느 날 갑자기 '통일'이 아니라 '통일의 기회'가 오직 단 한 번 찾아올 것이고 만약 그것을 허무하게 날려버린다면 우리는 엄청난 대가를 치러야 함은 물론이요 후손들에게는 영원히 씻을 수 없는 죄를 짓게 될 것이다. 그리고 천만다행으로 첫 번째 경우가 성공했다 하더라도 제대로 된 준비 없이 끌어 안아버린 남한의 북한 흡수 통일은 서독의 동독 흡수 통일이 겪었고, 또 겪어나갈 고통의 족히 수천 배를 감당해야 할 것이다.

1989년까지 서독에서든 동독에서든 '통일'은 일종의 금기어였다. 서독 내 좌파와 중도 좌파는 독일이 프로이센이나 나치처럼 강력해지면 유럽의 안정이 깨지기 때문에 독일 통일은 불가하다는 입장이었다. 학생운동을 주도했던 세력이 만든 녹색당은 통일에 반대했고, 사민당 역시 대다수가 통일에 부정적이었다. 동독은 서독을 나치와 그 협력자들이 건설한 국가로 규정, 동독만이 독일 역사의 정통성을 지녔다고 주장했으니 서독과의 통일 논의를 좋아할 까닭이 없었다. 동독의 사회주의국가 건설의 야심 속에는 독일이 동독과 서독으로 한동안 분리돼 있는 것이 아니라 완전히 서로 다른 두 개의 나라로서 영구히 멀어져야 된다는 결벽이 있었고 동독의 지도자들은 이를 공개적으로 선언하기까지 했다. 실제 나치에 끝까지 저항한 공산주의자들과 사민당 세력들이 동독에 많이 정착했고, 서독에는 나치 지지 세력들과 연관 세력들이 사회 곳곳에서 적잖이 부와 명예를 누리고 있었다. 그들은 1968년 학생운동 이후 비로소 과거가 폭로되면서 공직에서 물러나야 했다. 좌파 이념은 60년대 말부터 70년대 말까지 유럽의 다른 여러 국가들에서처럼 독일에서도 지배적 담론이었다. 서독 학생운동의 근본은 나치 극우 민족주의 척결이었다. 그들은 히틀러가 어떻게 괴테와 칸트의 고향에서 정권을 장악하게 되었는가에 대해 고뇌했다. 따라서 1970년대 이후부터 동·서독 통일을 주장하는 사람은 이른바 '수구 꼴통 보수' 취급을 받았다. 68세대들이 기성세대가 되면서부터, 민족주의를 철저히 경계하는 이러한 이념은 정치, 교육, 문화, 경제 등 모든 분야들을 통해 다음 세대로 전파, 서독 사회의 명실상부한 주류가 되었다. 반통일은 시대정신이었다. 아니다. 통일에 무관심한 것이 시대정신이 되었다고 해야 옳았다. 더욱이 1980년대로 접어들며 서유럽에서 민족주의는 사그라져버렸다. 그래서 유럽연합도 추진될 수 있었던 것이다. 민족주의가 재가 된 터에 서독과 동독의 통일을 주장하는 것은 우스꽝스러운 일이 아닐 수 없었다. 독일인들이 아무런 준비 없이 통일을 맞이하게 된 데에는 대강 이러한 배경이 있었던 것이다. 지극히 당연한 일이다. 아무도 원하지 않았으니 아무런 준비도 없었던 것이다. 그래서 아이러니하게도, 평소 준비성이라면 세계 랭킹 2위라 해도 기분 상할 위대한 독일인들은 통일 뒤 그 위대한 대가들을 치르

게 된다.

남한과 북한의 평화적 통일은 동북아시아 전체가 역동하는 가운데 한반도가 세계의 중심으로 발전하는 계기가 될 것이다. 한반도의 전쟁 위험과 분단 비용, 남한의 인구 감소와 경제발전 한계, 북한의 악마적 독재와 짐승 도살이 무색한 인권 탄압과 극도의 빈곤 등 수많은 문제들을 해결할 수 있는 거의 유일하고도 가장 효율적인 방법은 통일이다. 하지만 우리는 진영논리 속에서 유익한 통일을 즐겁게 상상해보지 못한 채 살아왔다. 좌우대립은 우리 현대사의 재앙이고, 그 20세기의 흑사병은 한반도를 마지막 숙주 삼아 여태 기승을 부리고 있는 것이다. 우리의 통일 정책이란 그 수단이 유화냐 압박이냐만이 조금 달랐지 기껏해야 분단의 평화적 관리였을 뿐이다.

북한 붕괴 시 가능성이 제일 높은 시나리오는 앞서 언급했던 두 번째 경우다. 현재 중국은 북한 붕괴 시 반드시 북한 지역을 접수하려는 것으로 보인다. 북한과의 국경에 그러한 목적의 군 배치를 완료하였으며 북한 내부의 급변 사태를 상정한 채 군사훈련을 실시하고 있다. 중국은 당장이라도 북한을 통째로 집어삼킬 힘이 충분하며 또한 그럴 만한 나름의 명분도 아주 없지는 않다. 6·25 전쟁에서 가장 많은 90만 명의 사상자를 낸 것은 북한군도 한국군도 연합군도 아닌 중공군이었다. 마오쩌둥의 장남 마오안잉도 그 '항미원조전쟁'에서 미군 전투기의 폭격으로 사망했다. 중국이 그들의 피값을 이 21세기에 이자까지 쳐서 보상받으려고 한다면? 북한 군벌들도 유사시 남한에 투항하느니 중국에 편입되는 것을 택하기가 훨씬 덜 괴로울 것이다. 고구려가 망할 적에 펼쳐진 광경들을 차분히 복기해보면 뼈아픈 참고가 될 듯싶은데, 아무튼 이대로 놔두면 북한은 제2의 티베트가 되거나 중국화가 더 극심하게 진행돼 중국의 동북 3성들 중 하나가 되기 십상일 것이다. 북한은 침몰하고 중국은 계속해서 융기 팽창하고 있다. 38선이 남한과 북한의 휴전선이 아니라 중국과 한국의 국경선이 되고 그것은 영해와 영공에서 똑같이 적용될 것이니 울고 싶은 놈 뺨 때려주는 것과 같을 일본의 엄청난 재무장은 동북아를 화약고로 만들어버릴 것이다. 세계평화를 위해서도 통일 대한민국은 정의로운 결과인 셈이다.

통일의 기회를 놓쳐버린 대한민국은 내부적으로는 갈등과 폭력이 심화되고 외부적으로는 중국과 일본 사이에서 고립돼 결국 3류 분단국이 되고 말 것이다. 우리는 통일에 대한 대한민국의 확고한 태도를 강대국들에게 밝혀야 한다. 그래야 그들이 한반도의 통일을 염두에 두고 새로운 정세를 설계할 것이기 때문이다. 북한의 반응은 신경 쓸 것 없다. 미국과 한국이 북한을 침공하려 든다고 선전선동하면서 체제를 유지해온 지 어느덧 반세기가 훌쩍 넘어버렸다.

더불어 우리는 통일 대한민국에 대한 희망을 북한 동포들에게 전해야 한다. 남한 탈북자 동포 2만 6000명, 재중 동포 한국 거주자가 50만 명 이상이다. 이들은 수시로 북한 동포들과 전화하고, 송금을 해주고 있다. 탈북자들은 한반도 통일 과정에서 큰 역할들을 해낼 것이다. 그들은 통일 대한민국 사회의 중요한 완충 세력, 설득 세력, 지도 세력으로서 자리 잡을 수 있다. 그들이 통일에 대한 희망을 가질 때 그것은 빌리 브란트의 동방정책이 발휘했던 긍정적 효과를 대신하고도 남을 것이다. 그리고 우리는 거기에 기민당 콘라트 아데나워 총리가 추진한 '힘의 우위 정책'을 적절히 가미해야 한다.

어찌됐든 통일 독일이 25년 가까이 많은 난점들을 돌파해내면서 버텨온 데에는 과거 서독인들의 희생과 인내와 아량이 주효했다는 사실을 대한민국 국민들은 명심할 필요가 있다. 북한 동포들의 행복에 대해 전혀 관심이 없는 남한 사람들은 북한 동포들에게 통일에 대한 거부감만 키워줄 것이다. 남한과 북한 동포 모두에게 통일에 대한 희망이 없다면 통일 이전의 탈북자들과 통일 이후의 이북인들 사이에서마저도 살벌한 반목과 증오가 존재할 수 있다. 이것은 최악의 분열 시나리오다. 게다가 자랑스러운 대한민국에는 박정희와 김일성이 흘레붙어 간 새끼들을 김정일에게서 전두환이 입양해 인큐베이터에 집어넣어 정성껏 키워낸 주사파들까지 설쳐대고 있지 않은가.

통일에 대한 정책 같은 것을 따져보기에는 통일에 대한 상황이 이미 전격적 단계로 빨려 들어갔는지 모르겠다. 우리에게도 지성이라는 게 있다면 전 세계사적 변수에 주목해야 할 것이다. 소련이 개혁과 개방을 통해 무너지는 과정에서 독일의 통일이 의외로 쉬워졌듯이 중국의 천하대란 내지는 축적돼온 내부 모순의 폭발이 한반도 통일이라는 그림의 액자와 화랑(畫廊)이 돼줄 수도 있다. 그 조짐을 하루라도 빨리 읽어내는 능력이 북한의 붕괴를 한시라도 빨리 읽어내는 능력만큼이나 우리에게는 절실하다. 서독이 미국과 소련은 물론이요 유럽의 모든 국가들로부터 독일 통일에 대한 동의를 얻어냈던 것처럼, 대한민국 역시 통일 대한민국에 대한 지지를 미국과 중국, 그리고 러시아와 일본으로부터, 더 넓게는 전 세계 모든 국가들로부터 얻어낼 수 있어야만 한다. 우리는 새로운 나라의 국민이 되기를 원하고는 있는가? 단순히 하나의 국가에 소속돼 하나의 정치제도하에 놓여 있다고 해서 새로운 국민이 탄생하진 않는다. '인민'이 '국민'이 되기 위해서는 한 국가에 대한 귀속감을 갈망하거나 적어도 바람직한 것으로 의식하지 않으면 안 된다. 분열과 증오로 인해 우리는 통일을 제대로 준비하기는커녕 실질적인 논의조차 시작하지 못하고 있다. 이러한 나태는 곧 대륙보다 거대한 쓰나미로 덮쳐와 우리의 미래를 초토화시켜버릴 것이다.

제 국가가 생사의 갈림길에 서 있다는 사실을 모르는 대한민국의 관료들은 한심하다. 제 국가가 생사의 갈림길에 서 있다는 사실을 알아도 모르는 척하는 대한민국의 정치인들은 한심하다고 생각해줄 가치조차 없다. 저들은 대한민국을 통합하려는 어떤 선한 의지도 없고 통일 대한민국에 대한 어떤 통찰과 소망도 없어 보인다. 그리고 그런 음식물쓰레기들을 자신의 거울로 선출한 대한민국의 국민들은 그 어떤 불행한 자보다 가엾고 위태로우나 차마 동정의 여지가 없다. "운명의 주인인 국가의 국민이 될 것인가, 운명의 노예인 국가의 국민이 될 것인가." 이 말을 아주 간단히 표현하자면 이렇다. "또 노예가 되고 싶은가?" 그나마 이것마저도 우리는 스스로 결정할 수 있는 때가 불현듯 지나가버리기 전에 어서 결정해야만 한다. 그리고 할 수 있는 모든 일들을 차근차근 다 처리해나가야 한다. 독일 신학자 루돌프 불트만은 "당신은 당신이라는 개인의 역사를 관찰해야 한다. 역사의 의미는 항상 당신의 현재에 있다. 당신은 그것을 관객의 눈으로 보지 말고 오직 책임 있는 결단을 가지고 보아야 한다."라고 『역사와 종말론』에서 충고했다. 우리에게 지금, 역사의 파도는 계시록의 불길처럼 거세고 그 엄중한 뜻은 사랑을 잃어버린 자의 사랑처럼 화급하다.

고래 배 속에서
촛불을 밝히는 일

인간은 항상 미궁 속을 헤맨다. 미궁 속을 헤매는 동안은
항상 무엇인가를 찾고 있는 것이다.

—요한 볼프강 폰 괴테, 『잠언과 성찰』에서

가령, 경제학자는 수치와 분석틀을 사용하여 눈앞에 펼쳐
진 시장의 풍경 이면에 숨어 있는 진짜 경제의 흐름을 밝혀
냄으로써 현재를 진단하고 미래를 예측한다. 이러한 이치는
다른 모든 전문 분야들에서도 마찬가지가 아닐까 싶다. 빤한
육안을 의심하지 않으면 왜곡과 착종에 휩싸이기가 쉽고,
순식간에 지나가버리는 어느 하나의 표현에 깃든 여러 겹의
무거운 내용들을 한꺼번에 감각해내야만 비로소 가치 있는
통찰이 가능하다.

조선민주주의인민공화국은 붕괴할 것인가? 만약 붕괴한
다면 그것은 언제쯤일까? 이 질문은 은유와 상징을 주로 다
루는 문학가에게 있어서는 지극히 우문이 될 수밖에 없다.
왜냐하면 조선민주주의인민공화국은 이미 붕괴됐기 때문이

다. 문학적으로는 분명 그렇고, 그래서 사실은 실제로도 그렇다. 이를 증명하는 과정 속에서 우리는 어느새 허깨비가 돼버린 저 기괴한 나라에 대한 몇 가지 중요한 핵심들과 통일 대한민국의 빛과 그림자를 가름할 운명의 본색을 깨달을 수 있을 것이다. 오리무중을 오리무중으로 돌파해나가는 것, 잡념으로 구성된 명쾌함, 그것이 곧 문학의 기질이니까.

　북한 체제의 구성 원리는 기독교의 그것과 정확하게 일치한다. 원래 공산주의 조직이 초기 기독교 조직을 본떴다는 데에서도 그 기원을 찾을 수 있겠지만, 김일성과 기독교의 인연은 한민족의 영적 성향과 겹쳐져 시사해주는 바가 매우 크다. 김일성은 1912년 4월 15일 평안남도 대동군 고평면, 지금의 평양시 만경대에서 기독교 신자인 부모의 3남 중 장남으로 태어났다. 한의사인 아버지 김형직은 미국인 선교사가 세운 학교에서 교육을 받았고 어머니 강반석은 교회 집사였다. '반석'은 다름 아닌 '베드로'일 것이다. 따라서 김일성은 기독교의 설계 역학과 작동 방식을 어려서부터 자연스레 체득하고 있었을 게 자명하다. 성부 여호와 하나님: 김일성, 성

자 예수 그리스도: 김정일, 성령과 그 말씀: 주체사상, 이 '김
일성교 성삼위일체'의 구축은 결코 우연이 아닌 것이다. 또한
김일성 숭배는 유교 충효 사상의 극단적 적용이기도 하다.

한 개인이 무슨 종교를 가지고 있건 간에 한국인들의 정
신을 일제히 지배하는 종교적 무의식의 생리는 무속, 곧 샤
머니즘이다. 이 강렬한 에너지가 해방 이후 이남에서는 자본
주의와 개신교 사이에 스며들었고, 이북에서는 근대화에 실
패해 왕조로 퇴행하는 공산 전체주의에 물들어버렸다. 대한
민국이 전 세계에서 제일 이단이 많은 것도, 부흥성회에서
두 손을 높이 쳐들고 통성기도하는 신자들의 사진과 김일
성이 죽었다고 평양 김일성 동상 앞에서 울부짖는 인민들의
사진을 나란히 놓고 보면 대체 뭐가 다른지 잘 모르겠는 것
도 다 샤머니즘 탓이다. 한민족의 샤머니즘이 그나마 긍정적
으로 표출된 사례가 대한민국에서의 2002년 월드컵이라고
말할 수 있겠는데, 그러한 '신명났다'라는 상태는, 서구 인문
학에서의 '광기'라는 개념이 감히 포용할 수 없는 도저한 미
스터리다. 한편, 북한은 신을 대리해 종교 제도가 통치하는

신정국가 정도가 아니라 아예 한 인간이 유일신으로 등극해 나머지 모든 인간들을 직접 지배하는 거대하고 기이한 광신 사교 집단이 돼버렸다. 잠시 김일성을 베트남의 호치민과 함께 떠올리면 우리는 한없이 부끄러워진다. 호치민은 인민을 권력의 주체로 삼고 스스로 권력을 평생 경계했다. 그는 집단 지도 체제를 수립하여 권력의 많은 부분들을 주변에 맡겼다. 그는 인민들 앞에서 자아비판을 하면서 눈물을 흘렸으며 직접 정원을 가꾸고 금붕어에게 먹이를 주었다. 그는 베트남 인민들에게 수령님으로 군림한 것이 아니라 '호 아저씨'로 불리며 사랑받았다. 자신의 이름으로 무덤을 비롯한 어떠한 기념물도 만들지 말라는 당부는 인민들에 의해서 지켜지지 않았고 유해는 방부 처리돼 대리석 기념관에 모셔져 매일 참배객들이 줄을 잇고 있지만, 금수산 주석궁전에서 파라오로 살다가 죽고 나서도 그것을 금수산 태양궁전이라는 피라미드로 쓰고 있는 김일성과는 그 순수함을 차마 비교할 수가 없다. 절반은 레닌, 절반은 간디였던 호치민이 남긴 것은 조그만 오두막집 한 채와 책 몇 권뿐이었다. 그는 자신에 대한 종교를 창시한 가짜 신이 아니라 인민을 신으로 섬기는 참된 종교인이었다. 우리가 반드시 명심해야 할 점은 우리 안에 김일성과 같은 악마성이 없었더라면 김일성과 지금의 북한 같은 나라는 잉태되지 않았을 거라는 끔찍한 사실이다. 대한민국이라고 해서 예외가 아니라는 소리다. 천천히 하강하는 비행기 안에서 내려다본 남한의 밤은 붉은 십자가들로 뒤덮인 광활한 공동묘지다. 교회들은 세습되고 있으며 신도 숫자로 은행 대출을 받거나 매매된다. 조속한 시일 내에 대한민국의 모든 종교인들 역시 마땅히 세금을 내야 하고 정부는 그것을 통일세의 시초로 전환해야 할 것이다. 통일 이후 대형 교회들이 재산과 인력을 총동원하여 이북에서 내려온 동포들을 먹이고 재우고 교육하는 사랑을 실천하기를 하나님은 성경 안에 다 써놓고 계신다. 한 동네에도 수십 개씩 몰려 있는 대한민국의 모든 교회들은 통일 대한민국을 기점으로 주님이 이 민족을 구원하시려는 데 쓰일 물적, 영적 인프라가 될 수 있다. 물론 절대 그러려고들 하지는 않겠지만.

　어쨌든 김일성은 스스로 신이 되는 길을 선택했다. 그가

스탈린의 허락을 받아 일으킨 6·25 전쟁에서 남·북한 쌍방 사망자는 약 150만 명, 부상자는 360만 명, 이북 출신 실향민은 500만 명에 달했다. 조선의 좌파 독립운동가들을 숙청한 것은 이승만보다 김일성이 훨씬 더 선수였다. 조선민주주의인민공화국에서는 수백 만 명이 산간오지로 짐승처럼 추방됐고 수십 만 명이 수용소에서 증발, 즉결 처형당했다. 뿐인가. 한반도 역사상 가장 심각한 아사 사태가 20년 넘게 벌어지고 있으며 영양실조로 신음하는 이들이 750만 명이다. "공화국은 사치에 의해서 멸망하고, 독재국은 빈궁에 의해서 멸망한다."라고 샤를 몽테스키외는『법의 정신』에서 썼다.

생전에 김정일은 자신의 신민들이 300만 명이나 굶어죽는데도 왜 경제개혁에 나서지 못했던 것일까? 정말 김정일이 예수라면 인민들이 제사장들의 권위와 속박에서 벗어나 신과 직통하는 자유의 경지, 즉 개방을 펼쳐내야 했던 것 아닌가? 이 죽음의 반인반신(半人半神)에 대한 나의 새로운 의심은 바로 이 지점에서 싹텄다. 또한『강철서신』의 저자이자 남한 주사파의 사도 바울인 김영환이 1991년 반잠수정을 타고

밀입북해 김일성을 만났을 때 정작 김일성이 주체사상을 모르더라는 차마 웃지 못할 일화에서 나는 문득 깨달았다. 성자로서의 김정일과 성령으로서의 주체사상은 애초에 존재하지도 않았으니 아직도 북한은 나 이외에 다른 신을 섬기지 말라는 야훼 김일성의 참혹한 질투만이 형형한 구약 시대인 것이다. 고로 북핵은 김일성의 망령이 육신을 얻어 부활한 현현(顯現)이다. "세계사는 신의 현현이다."라고 주장한 사람은 헤겔이었다.

김정일이 북한을 중국처럼 변화시킬 수 없었던 안쓰러운 까닭은 간명하다. 한낱 사악한 인간의 것일 뿐인 자신의 요망한 가계가 드러나는 게 겁났기 때문이다. 이러한 사정은 김정은도 마찬가지일 수밖에 없다. 김정은의 백두혈통은 딜레마의 가계다. 김정은은 핵을 절대로 포기하지 '못할' 것이다. 야훼(북핵)가 삭제된 구약에서 야훼의 모조품인 자신 역시 곧바로 삭제될 것이기 때문이다. 그렇다면 한반도의 새로운 시대, 북한의 구약을 깨고 신약의 문을 활짝 열어젖힐 그리스도는 누구일 것인가? 김정은으로의 3대 세습에 절망한

나머지 조선노동당 창건기념일에 노아의 방주처럼 생긴 욕조 안에서 질식한 듯 숨겨 있던 황장엽은 감히 그런 역할을 떠맡고 싶었는지도 모른다. 나는 북한 인민들 스스로가 그 메시아적 주체가 되리라고 태연히 상상한다.

요나라는 이름은 히브리어로 비둘기라는 뜻이다. 하나님은 요나에게 아시리아의 수도 니네베로 가서 이교도들을 개종시키라는 명을 내리지만 겁이 난 요나는 타르시스로 가는 배를 타고 도망친다. 하나님은 큰 폭풍을 일으켰고, 제비뽑기 끝에 뱃사공들에게 주님을 피하는 중이라는 사실을 고백한 요나는 자신을 바다에 버리라고 말한다. 뱃사공들은 부디 살인죄를 적용하지 말아달라 하나님에게 부르짖으며 요나를 바다로 내던졌다. 성난 바다는 이내 잔잔해졌고, 하나님은 고래로 하여금 요나를 삼키게 했다. 요나가 고래 배 속에서 감사와 구원의 기도를 하자, 이윽고 고래는 요나를 육지로 내뱉었다. 사흘 낮과 사흘 밤 만이었다.

왜곡과 착종 속에서 육안으로는 아직도 멀쩡해 보이는 조선민주주의인민공화국은 은유와 상징의 계산 속에서는 바람결에 뜬구름이 원래 있던 자리에 없듯 이미 사라져버렸고 김정은은 다시금 엉뚱한 뚱보 애어른으로 되돌아와 우리 앞에 괴로운 우문(愚問)이 되어 서 있다. 제 조부로부터 비롯된 우상화의 마법과 상징 시효가 다 소진된 것이다. 인간에게 고통만 안겨주는 은유는 언어유희가 아니라 범죄고 상징은 가장 상처받기 쉬운 물질이다. 저 기괴한 나라는 허깨비일지언정 통일 대한민국의 빛과 그림자를 가름할 김정은의 불안과 위험은 허세가 아니라 실재다. 김정은은 애초부터 신의 손자가 아니었던 것처럼 그저 단순한 벌거벗은 임금님 역시 아니다. 한 손에는 핵폭탄을, 다른 한 손에는 화학무기를 움켜쥔 철없는 황제 폐하가 실오라기 하나 걸치지 않고 한반도 역사의 백주대낮에 오리무중이 되어 서 있다. 만경대 백두혈통이 아니라 남한의 평범한 집안에서 태어났다면 백수 탈출을 고민하고 있어야 할 고지혈증 환자가 전 세계에서 가장 잔인무도한 나라의 음울한 왕이 돼 있는 것이다. 아마도 그는 조만간 살해당할 듯싶은데, 그 전에 그가 무슨 짓을 저지를지는 은유와 상징의 매듭이 풀려 있으므로 문학적 예측

마저 불가능하다. 울긋불긋한 데니스 로드먼은 김정은의 내면이 투영된 모습 그대로인 것이다. 아리스토텔레스는 『정치학』에서 "혁명 그 자체는 작은 일이 아니지만, 작은 일에서 발생한다."고 갈파했다. 통일 대한민국으로 가는 길의 고난은 사막 위 고래 배 속에서 바다를 건너가는 일만큼이나 모순으로 가득 차 있다. 장개석이 공산당을 탄압한 상하이 쿠데타를 무대로 한 『인간의 조건』의 작가 앙드레 말로는 "인간이 할 수 있는 것은 이 대지에 상흔을 남기는 것이다."라고 말했지만, "역사의 임무는 인간의 모험에 의미를 부여하는 것입니다. 신들이 그랬던 것처럼."이라고 말한 사람 또한 그였음을 기억하자. 통일 대한민국의 미래는 생존을 위해 모순으로 시를 쓰는 것처럼 난해할 것이다. 이제 감았던 눈을 떠보니 우리는 홀연 캄캄한 고래 배 속에 갇혀 있다. 자, 누구부터 일어나 이 어둠의 미궁 속에서 하나둘씩 촛불을 켜고 구원의 길을 찾아가기 시작할 것인가. 과연 우리는 그 어떤 간절한 기도로 이 어둠의 자궁 속에서 희망의 올리브 잎을 입에 문 비둘기로 거듭날 것인가.

강철 무지개 위에 서 있는
우리들을 위한 후기

혼돈을 직시해야만 한다. 진정한 질서가 오기 전에 혼돈으로
내려가야만 한다. (……) 불교 경전은 이것을 다음과 같이
표현한다—식별하기를 거부하느니 차라리 죽는 것이 낫다.
—콜린 윌슨, 『아웃사이더』에서

나는 자유주의 날라리이자 탐미주의자인 내가 21세기 한반
도의 분단과 통일을 논하는 작가가 돼 있을 줄은 정말 꿈에
도 몰랐다. 고백은 그게 뭐든 결코 쉬운 노릇이 아니다. 하지
만 작가는 제 고백이 문학과 사회에 기여할 측면이 있다고
판단되면 어쩔 수 없이 자의식을 저버리고 자신의 글로 고백
을 시작한다. 작가가 되는 것에는 결코 노력보다 적잖은 우연
의 힘이 필요한 것처럼 그에게 의미 있는 한 작품이 다가오는
데에는 강인한 운명의 정성이 개입되기 마련이다. 나는 잠시
그러한 사정을 고백하고자 한다.

　　대한민국에서 현대문학가로 산다는 것은 수모가 일상화
됨을 뜻한다. 대중에게 모욕당하고, 문단에 모욕당하고, 평
론가에게 모욕당하고, 책장사에게 모욕당하고, 편집자에게

모욕당하고, 언론에 모욕당하고, 친구에게 모욕당하고, 부모 형제에게 모욕당하고, 사랑하는 이에게 모욕당한다. 그리고 그러다 망가진 작가는 사람을 사랑하기가 불가능할 만큼 황폐해지게 되고 결국엔 그 분노와 불모를 양분 삼아 다시 글을 쓴다. 어느 순간, 나는 하필 작가가 된 것을 진심으로 후회했고, 목숨보다 귀중했던 문학을 향한 사명감에 환멸을 느껴버렸다. 그때 나는 오로지 영화판으로 도망치려는 수단으로서 남한의 북한 흡수 통일에 대한 장편소설을 쓰기 시작했다. 역설적이지만, 아무튼 『국가의 사생활』은 절망 이후의 내게 그렇게 우연처럼 찾아왔더랬다. 따라서 애초에 나는 천박한 '이야기 사냥꾼'의 입장에서만 한반도 통일에 접근했다. 근래에야 북한 관련 정보가 넘쳐나지만 불과 5년 전까지만 하더라도 '남북통일'이라는 단어를 사석에서 꺼낸다는 것 자체가 희한한 놈이 되는 지름길이었다. 그러나 남몰래 한자 한자 원고를 채워나가는 동안 나는 내가 대단히 심각하고 예언적인 문제 속으로 빨려 들어가고 있음을 깨달았고, 또한 내가 앞으로 얼마나 더 나은 작품을 쓰든지 간에

『국가의 사생활』이 내 작가로서의 일생을 지배하게 되리라는 예감에 휩싸였다. 2013년 5월 영국의 《가디언》지는 나를 인터뷰하면서 "왜 한국에는 통일된 한반도에 대해 다룬 소설이 『국가의 사생활』밖에는 없는 것인가"라는 질문을 던졌고, 5년 전이나 요즘이나 한국인들의 통일에 대한 의도적이자 무의식적인 무관심이 여전히 놀라운 것처럼, 『국가의 사생활』은 전 세계를 통틀어 한반도 통일 이후의 사회(작게는 북한을 흡수 통일한 대한민국을)를 다룬 최초이자 아직까지는 유일한 소설이다.

53년 전 스물다섯 살의 작가 최인훈의 『광장』 속 주인공인 남한의 철학도 이명준은 우여곡절 끝에 인민군이 돼 6·25 전쟁을 치르다가 거제도 포로수용소에 갇힌 뒤 남한도 북한도 아닌 중립국을 선택해 인도로 향하던 중 원양 선박 타고르 호의 갑판 위에서 홀연 망망대해 속으로 몸을 던져 사그라진다. 그렇게 되기까지, 일그러진 한반도 현대사의 밀실과 광장을 오가며 상처받던 청년 이명준은 남한과 북한 체제의 모든 치부들을 낱낱이, 신랄히 비판하고 있다. 중도라는 것이 단순한 회색주의가 아니라 좌와 우에 거리낌 없이 정확한 결정을 내리려는 이성의 의지라고 한다면 이명준은 이른바 중도주의자쯤으로 분류될 수 있을 터이다. 나는 바로 이것이 50년의 시간을 사이에 둔『국가의 사생활』과『광장』의 인연이라는 것을 서늘하게 체감했다. 최인훈의 이방인 이명준은 사실상 추방당하다 영원히 실종된 것처럼 자살한 것이 아니라, 좌익과 우익이 수단과 방법을 가리지 않고 싸워 그 살의의 균형으로 간신히 지탱되는 우리 역사에 의해 처형당한 것이라는 충격 앞에서 나는 내가 쓰는 21세기의『광장』인『국가의 사생활』속 이명준은 허위와 위선으로 가득 찬 이념의 바다에 빠져 죽는 나약한 문인(文人)이 아니라 비록 의로운 도망자가 될지언정 통일 대한민국의 위태로운 현실 안에 분명히 두 발을 디딘 채 새로운 희망을 기다리는 무인(武人)이 되어야 한다고 믿었던 것이다.『국가의 사생활』의 주인공 리강은 그렇게 탄생했고, 2011년 12월 17일 위대한 영도자 김정일이 죽었다. 2011년은 2009년에 출간된『국가의 사생활』에서 남한이 북한을 급변 사태에 의해서 흡수한 해이다. 그리고 2013년 12월 12일에는 중국이 총애하던 "개만도 못한 추악한 인간쓰레기 장성택"이 경애하는 조카 김정은 원수님에 의해 기관총으로 공개 처형당해 산산이 가루가 돼버렸다. 상전벽해가 따로 없이, 불현듯 '북한 붕괴'는 유행어가 돼버렸다. 중도는 통일 대한민국 국민들의 통합에 가장 유용한 도구가 돼줄 것이다. 『광장』의 이명준이 역겨워하던 남과 북의 골육상쟁은 저 무간지옥이 돼버린 북한은 그대로 남겨둔 채 남한 안으로만 자리를 옮겨와 피비린내 나는 진영논리의 패악을 떨치고 있다. 그러니 우리 곁에 중도 세력의 리더를 자처하는 이가 있는데 그가 만약 별 고통도 없이 외롭지 않다면 아마도 그는 사기꾼일 가능성이 높다.

　　우리에게 이명준의 비극은 고금 도처에 널려 있다. 지난 2013년 7월 1일은 천재 시인 백석의 탄생 100주년이 되는 날이었다. 모더니스트 백석에게 남과 북은 아무런 의미가 없었을 것이다. "가족과 고향을 버리지 않겠다. 더러운 글을 쓰지 않고 번역만 하겠다."고 북에 남았던 백석은 조선노동당의 '붉은 문학'에 미숙한 나머지 양강도 삼수군 협동농장으로 하방(下放)돼 37년을 양치기로 살다가 죽었다. 황석영이 북한에서 어울린 그 북한 작가들은 작가가 아니다. 그들은 선전문학을 하는 전체주의의 요원들일 뿐이다. 작가란 천국에서도 남의 말을 잘 듣지 않는 골치 아픈 존재들인 까닭에 하물며 북한에 시인이자 소설가인 파스테르나크나 소설가 솔제니친, 시인 요시프 브로드스키 같은 문인들이 여태 살아 있다면 그들은 황석영 같은 소위 '민족작가'와의 술자리가 아니라 전부 강제수용소에 있을 것이다. 진정한 좌파 작가가 충실한 좌파 작가로서 처신하는 것은 당연한 일이겠으나 연예인병에 걸려 있는 안하무인파 작가가 좌파 코스프레를 한다고 해서 진보적 지식인이자 멋쟁이 혁명가로 둔갑해 세상과 예술을 끝까지 속일 수는 없다.

이념이란 긍정적으로 작용하는 그 순간부터 악용되기 시작한다. 우리는 어느 정도 회의주의자가 되기 전에는 선량해질 수 없다. 우리는 우리를 선동하고 있는 진실이라는 것 속의 진짜 진실을 똑바로 쳐다봐야 한다. 조지 버나드 쇼는 "온갖 역사는 천국과 지옥의 양극단 사이에 있는 세계의 진

동의 기록에 지나지 않는다. 한 기간이라는 것은 그 흔들이의 한 번 흔들리는 것에 지나지 않는데도 각 시대의 사람들은 세계가 항상 움직이고 있기 때문에 진보하고 있다고 생각한다."라고 『인간과 초인』에 썼다.

　　면밀히 판정해보았을 적에, 남한과 북한의 초대 내각에는 친일파가 거의 없었다고 해야 맞다. 또한 의열단 단장이자 임시정부의 국방장관이었던 약산 김원봉은 친일파가 설치는 남한이 싫어서 월북하였다가 김일성에게 숙청되었다. 이런 식의 똥개 같은 경우는 이명준의 비극보다 훨씬 많아서 일일이 열거할 엄두조차 나지 않는다. 우리는 우리 현대사의 긍정성과 불완전성을 동시에 인정하고 과학적으로 통찰해야 한다. 역사를 대단하게 보는 것도 중요하지만 역사를 우스꽝스럽게 보는 것도 매우 중요한 자세이다. 그래야 우스꽝스러운 이유들 때문에 빛나는 미래를 증오와 폭력으로 불살라버리지 않을 수 있고 또한 우스꽝스러운 사고 같은 역사에 의연히 대처할 수 있기 때문이다. 아마도 한반도의 통일은 우스꽝스러운 사고처럼 닥칠 것이다. 베를린 장벽이 그렇게 무너졌듯이. 역사의 순결성을 핑계대면서 나타난 것이 독일에서는 나치즘이었고 한반도에서는 주사파라는 사실을 명심해야 할 것이다. 순결한 척하는 것들은 좌파건 우파건 개건 고양이건 대체로 다 악마의 제자들인 법이다.

나는 이 글들을 쓰면서 영국 작가 콜린 윌슨의 세계적인 출세작 『아웃사이더』를 무슨 시집 읽듯 자주 펼쳐보았다. 노동자 출신인 그는 침낭으로 노숙을 하면서 대영박물관의 독서실에 다니던 중 우연 같은 운명처럼 작가 앵거스 윌슨에게 발탁돼, 스물네 살이던 1956년에 저 평론집을 출간할 수 있었다고 한다. 나는 만약 런던의 그 청년 콜린 윌슨이 2013년의 내가 되어 통일 대한민국에 대해 글을 쓴다면 과연 어떠할 것인가, 하는 '감각'을 상상하면서 이 글들을 썼다. 나는 한반도 통일에 대한 지식보다는 우선 한반도 통일에 대한 '어떤 자극'을 전달하고 싶었던 것이다. 그것은 인간의 증오이자 인간에 대한 염려였다. 서머싯 몸이 "인간은 모두 어두운 숲이다."라고 『작가의 수첩』에 썼던, 도스토옙스키가 "만약 악마가 존재하지 않는다면 결국 인간이 그것을 만들어

낸 것이 된다. 인간은 기어코 자기 모습과 닮은 악마를 만들어냈을 것이다."라고 『카라마조프 가의 형제들』에 썼던 바로 그 인간에 대한 이야기였다. 나는 감히 한반도 통일에 대한 옳은 한 가지 답을 고집하느니 차라리 한반도 통일에 대한 의미 있는 여러 질문들을 시도하고 싶었던 것이다.

통일 대한민국은 젊은 나라가 되어야 한다. 청춘은 육체가 아니라 실존의 나이다. 우리는 과거로 후퇴해서는 안 된다. 시대정신은 항상 가장 영특한 까닭 안에서 쇄신돼야 한다. 현 상황에서 남한의 북한에 대한 평화적 흡수 통일은 유일한 도덕적 정당성을 지니고 있는 것으로 보인다. 그리고 그것은 대한민국의 헌법이 정언명령하고 있는 것이기도 하다. 6·25 전쟁의 UN군 참전 용사들은 고국으로 귀환해 정신적 외상으로 고통받다가 오늘의 대한민국을 방문해서는 잿더미 속에서 날아오르는 불사조를 목도하는 것만 같아, 그 옛날 자신의 희생이 헛되지 않았다는 감동에 비로소 치유받는다고들 한다. "인간은 다만 역사에 의해서만 만들어지는 것이 아니라, 역사 또한 인간에 의해 창조된다."고 에리히 프롬은『자유로부터의 도피』에 썼다. 이미 우리는 승리의 역사를 창조해본 경험을 간직하고 있는 사람들이다.

불과 얼마 전인 지난 2013년 12월 5일 콜린 윌슨이 영국 남서부 콘월의 한 병원에서 폐렴 합병증으로 숨을 거뒀다는 소식이 들렸다. 나는 묘한 슬픔에 젖었다. 어쩌면 나는 기질과는 어울리지 않는 사안에 대해 논하고 있는 스스로가 마치 콜린 윌슨이 논하고 있는 어두운 소설들 속의 아웃사이더들처럼 느껴졌는지도 모르겠다. 어떠한 환란이 작가인 내게『국가의 사생활』로 다가와 한반도 통일에 대해 관심을 가지게 만들었다면, 나의 이 보잘것없는 글들이 누군가에게도 그러한 우연과 운명으로 작용해주기를 간절히 소망한다. 다만 나는 의열단 단원이었던 시인 이육사의 시「절정」에 등장하는 '강철'과 '무지개'의 저 위태롭고도 아름다운 조합이 마음에 걸린다. "이러매 눈 감아 생각해 볼밖에/ 겨울은 강철로 된 무지갠가 보다"라는 그 마지막 연의 마지막 줄이 마치 통일 대한민국에 대한 질문처럼 여겨지는 것은 왜일까? 그 질문에 대한 우리의 진지한 사랑과 슬기로운 용기가 곧 우리의 미래가 될 것이다. 21세기 인류사의 이정표가 될 거대한 폭풍이 강철 무지개 위에 서 있는 우리들에게로 지금 다가오고 있다.

고래 배 속에서의
촛불 대담

이응준·주성하의 대담

대담 일시: 2014년 2월 20일

대담 장소: 강남출판문화센터

대담자: 주성하

1975년생. 김일성 대학교를 졸업하고 2002년 대한민국에 입국해 2003년 공채를 통해 동아일보 기자가 되었다. 현재 동아일보 국제부 기자와 민주평화통일자문회의 상임위원 등을 겸임하고 있다. 북한 관련 세계 최다 방문 사이트인 '서울에서 쓰는 평양이야기'를 운영하고 있으며 저서로『서울에서 쓰는 평양이야기』(2010),『김정은의 북한 어디로 가나』(2012) 등이 있고 제2회 한국인권보도상, 제3회 한국기자상 조계창국 제보도상 부문, 제5회 노근리평화상 등을 수상했다.

주성하　저는 작가님을 『국가의 사생활』로 알게 됐어요. 출간 당시인 2009년도에. 오늘 여기까지 오면서 쭉 다시 훑어봤습니다.

이응준　그때는 북한 자료를 구하고, 북한 언어를 등장인물에 따라 맞추고, 뭐 그러는 게 여러 모로 굉장히 힘들었어요. 지금이야 탈북자들이 대중 속에서 그다지 낯설지 않고 심지어 북한에 관한 예능 프로그램까지 텔레비전에 편성돼 있지만 제가 『국가의 사생활』을 쓸 때만 하더라도 통일 대한민국을 상상한다는 것 자체가 결코 쉬운 노릇이 아니었습니다. 그야말로 상전벽해, 격세지감입니다. 요즘이야 북한 붕괴가 유행어죠. 2009년도에 어느 술자리에서건 통일이 어쩌고저쩌고 늘어놓으면 이상한 놈 취급을 받았습니다. 통일 대한민국을 장르로 규정하자면 리얼리즘 역사물이 아니라 SF 판타지에 가까웠던 시절이었어요.

주성하　만약 지금 다시 쓰신다면, 다른 식으로 쓰실 건가요?

이응준　아뇨. 그럴 필요 없다고 봐요. 할 얘긴 나름 다 했고. 별로 고칠 것도 없고……

주성하 저는 탈북자고, 기자로서도 주로 북한과 통일 관련 기사를 쓰는 기자라서 그런지, 작가님이 처하셨다는 그런 입장은 별로 경험해보지 못했습니다. 평소 북한과 통일에 대해 아무런 관심이 없던 사람들도 제가 합석하게 되면 그런 쪽의 질문들을 자연스레 하게 되기 마련이니까요.

이응준 『국가의 사생활』을 출간하기 몇 년 전부터 그 직전까지 제 개인적인 삶이란 게 완전 구렁텅이였고, 더군다나 그때까지의 제 문학 스타일 자체가 탐미주의, 모더니즘 뭐 대강 그랬기 때문에 다른 누구도 아닌 제가 느닷없이 『국가의 사생활』을 들고 나타나자 사람들이 꽤 놀라고 의아하게 생각하고 그런 편이었죠. 『국가의 사생활』은 제가 작가로서뿐만이 아니라 한 인간으로서 재기하기 위해 이를 악물고 쓴 작품이에요. 당시에는 역사적 소명의식 같은 것은커녕 오직 그것만이 중요했습니다. 이대로 죽어버릴 것인가, 어떻게든 변하여 계속 살아남을 수 있을 것인가. 예전처럼 다시 웃으면서 살아갈 수 있을 것인가. 과연 무엇으로 세상에 새롭고 영향력 있는 질문을 던질 수 있을 것인가. 그런 것들이 제 실존과 실상의 절박한 당면과제였죠……. 북한에서는 김일성종합대학교를 나와 현재는 연세대학교에서 국제관계안보학을 전공하고 계시죠? 석·박사 통합 과정입니까?

주성하 행정대학원 석사과정입니다.

이응준 동아일보 기자 생활만도 시간에 쫓기실 텐데 그 공부를 하시는 건 무슨 특별한 이유가 있으신 건가요?

주성하 건방진 얘기인지 모르겠습니다만, 어차피 저는 앞으로도 통일에 깊이 관여하며 살아갈 사람인데, 사실 여기 학자들이 쓰신 북한 관련 서적들을 보면 이미 제가 몸으로 체험한 얘기들이 대부분이거든요. 그래서 별로 대학원 같은 건 신경 안 쓰고 있었는데, 한국 사회라는 게 간판이 중요하더라고요. 그래서…….

이응준 그렇죠. 그게 우리 사회죠. 남산에서 돌 던지면 맞는 게 박사라는데요.

주성하 막상 대한민국에서 먹고살아야 되는 문제에 부대끼다 보니 맘 편히 공부하기가 쉽지 않더군요. 언젠가 좋은 기회가 주어지면 2년 정도는 미국에 연수라도 다녀올 계획입니다.

이응준 방금 한국의 소위 북한학 학자들이 쓴 책들에 대해 신통치 않은 평가를 내리고 계시는 듯한 인상을 받았는데요, 『국가의 사생활』의 작가인 저도 사실은 그런 생각을 가지고 있습니다. 요즘은 좀 나아졌나? 5~6년 전만 하더라도 특히 386세대들이 쓴 그런 책들을 읽다 보면 종종 기겁을 하겠더라고요. 그 양반들이 묘사하는 북한은 북한이 아니라 최소 쿠바야, 쿠바. 군사독재 속에서 운동권으로 지냈던 사람들 머릿속의 북한은 귀납적 현실이 아니라 당위적 관념인 것 같아요. 자기들만의 북한, 자기 세대의 북한, 그런 판타지를 구성하고 있지 않으면 자기들의 학문, 자기들의 지난 청춘이 무의미해진다는 괴상하고 안쓰러운 도덕적 강박을 무의식으로 공유하고 있는 것 같습니다. 지식인으로서 북한을 부정적으로 논설하면 수구 우익 꼴통으로 몰리게 된다는 불안이 내면화돼 있는 듯합니다. 좌익이 빨갱이로 내몰리는 거랑 비슷해요. 중요한 것은 팩트와 과학인데 말이죠. 대한민국에서 지식인이나 예술가는 일단 무조건 좌파여야 한다는 인식이 폭력적 선입견에 가까우니까요. 그런 면에서 아직 대한민국은 이념적 자유 사회가 아닙니다. 행세를 좀 하기 위해선, 반드시 좌파 아니면 우파 둘 중에 하나여야만 해요. 그 중간의 어디쯤이라든가 아예 그 바깥에 자리를 잡는 것이 절대 용납이 안 되죠. 적과 싸우다가 적을 닮아버린 겁니다. 동지가 아니면 적밖에 없어요. 이러고도 사회가 유지되는 거 보면 정말 신기합니다.

주성하 그런 불만은 북한에서 내려온 사람들이 대개 다 하는 얘기이지요. 한국에 와서 북한 관련 책 보니까 못 봐주겠다, 그런 반응은 공통적이에요. 거의 예외가 없어요. 또 진영 논리에 확실하게 빌붙어야 선거 때 양쪽 어디서건 불러주니까. 이런 사상적 풍토에서는 제대로 된 통일 논의라는 게 쉽지가 않아요. 좌와 우 진영을 넘나들면서 얼룩 개구리가 돼 사고해야 설명이 가능한 부분들이 많단 말이죠. 그런데 한국에서 그러면 아무도 안 찾아줘요. 고독해지는 거죠. 그래서 누구도 쉽사리 용기를 내지 못해요.

이응준 우리 사상과 학문의 역사는 중도(中道) 학살의 역사죠. 조선시대에도 중도는 다 사문난적(斯文亂賊)으로 몰려 죽었어요. 우리 피에는 자신처럼 극단적이지 않은 것들을 적보다 더 증오하는 성향이 흐르고 있죠. 제가 여기저기 신문 칼럼을 쓴 지가 꽤 됐는데, 중도로서의 제 정치적 입장 때문에 데스크의 검열에 걸려서 다투게 되는 경우가 흔합니다. 요 며칠 전에도 어떤 글 하나를 고생해서 썼는데 그걸 실어주느냐 마느냐 실랑이 벌이느라 짜증나서 혼났습니다. 그러고 보면 책 낸다는 게 참 좋은 거구나, 그런 감사한 생각이 새삼 들더라고요. 물론 책 나온 뒤에 문제가 돼서 잡혀갈 수는 있겠지만. 어쨌든 출간까지는 저자 뜻대로 할 수 있는 거 아닙니까. 이 사회의 논의의 장에서는 중도주의자가 마치 반사회적 인간으로 취급받아요. 좌파에겐 반민중적 반동분자로. 우파에겐 반국가적 유사 빨갱이로. 양쪽 모두로부터는 회색분자, 박쥐로. 도대체가 자유주의자가 설 자리는 어디에도 없어요. 이러한 모순이 계속 축적을 넘어 농축되다가 통일 이후에는 정말 엄청난 국론 분열과 폭력적 상황으로 이어질 게 분명합니다. 이 나라는 애국자랑 혁명가들만 우글우글

득실거려서 저 같은 자유주의 날라리는 살기가 너무 힘들어요. 조국과 민족과 인류를 걱정하는 분들이 그렇게 많은데 왜 세상은 늘 이 모양 이 꼴인 거야? 설명이 안 되니 의심을 안 할 수가 없는 거죠.

주성하 저는 제가 뭔지도 잘 모르겠어요. 그냥…… 얼룩 개구리인 것 같아요.

이응준 얼룩 개구리라는 건 정확하게?

주성하 파랑 개구리도 아니고 빨강 개구리도 아닌, 얼룩얼룩한 개구리인 거 같다고요. 가운데서 개굴개굴 헤매다가 이쪽 가도 받아주지 않고 저쪽 가도 안 받아주는 그런.

이응준 재밌기보다는 쓸쓸한 표현이네요. 쓸쓸한……. 통일은 대박이다, 라고 박근혜 대통령이 어젠더를 던졌는데요. 사실 그것보다는, 통일은 많은 어려움이 있을 것입니다. 그러나 우리가 그 과정의 고통을 잘 극복해내면 종국에 우리 민족에게는 대박일 것입니다, 이런 문장이 돼야 맞겠죠. 그런데 곰곰 생각해보니, 만약 제가 대통령이라도 후자보다는 전자를 택했을 거 같아요. 대통령은 학자나 작가가 아니라 정치가잖아요. 우선, 후자는 정치가의 어젠더로는 문장이 너무 길죠. 그리고 어쨌든, 통일은 대박이라는 강력한 어젠더를 던져야 중국과 미국과 일본 등 전 세계가 보기에 대한민국이 통일에 대한 강력한 의지를 지니고 있다고 믿게 될 것이고, 국민들도 일단은 통일에 대한 자각까지는 아닐지라도 최소한 통일이 신경은 쓰일 것이기 때문에 별 수 없는, 그러나 나름 꽤 전략적인 선택이었다고 봅니다. 어떻게 생각하세요? 통일은 정말 대박입니까?

주성하 저는 한마디로 통일은 죽음이다, 그렇게 말하고 싶습니다. 그래요. 죽음하고 비교해야 될 것 같아요.

이응준 그 정도로 힘들다? 힘든 상황들이 몰아칠 것이다?

주성하 통일 되면 우리가 다 죽는다는 뜻이 아니라, 누구든 죽음을 피해갈 수는 없는 거 아닙니까? 누구나 닥쳐오는 걸 알고 있는데 피하고 싶어도 피할 수가 없는 거예요. 한번은 맞이해야 하는 거죠. 피하고 싶어도 피할 수 없는 고통이라는 의미에서 봤을 때 죽음이나 마찬가지인데, 사실 종교적으로 보면 통일 대박은 목사들이, 주님을 따르는 자는 죽고 나면 천국이 기다리고 있을 겁니다, 이러는 거랑 똑같거든요. 죽음 다음에 천국이 있는지 지옥이 있는지는 잘 모르겠습니다만, 우리가 죽음 뒤에 일어날 것을 지금 고통스럽게 상상하기보다는 어차피 죽을 거 천국 갈 거라고 믿으며 죽으면 좋은 거잖아요. 정작 맞닥뜨리면 별것도 아닌데. 그러니까 지금부터 그 고통에 대해서 생각하기보다는 그냥 잊고 있자. 음, 그런 심정인 거죠. 저는『국가의 사생활』안에 들어 있는 통일에 대한 비관적인 풍경들에 꽤 공감합니다. 그런데 문제는 읽고 싶지 않은 진실이라는 거지요.

이응준 그렇죠. 괴로워서 싫은 거죠. 생각하는 거 자체가. 죽음처럼 평소에 잊고 사는 게 편한 거죠.

주성하 회피하고 싶은 거죠. 죽으면 천국 갈 거라는 믿음, 오늘은 고통스럽게 살고 싶지 않다는 게 그런 거 아닌가. 통일이라는 건 회피하고 싶다고 해서 회피할 수 있는 게 아니거든요. 죽음처럼 언젠가는 틀림없이 다가오는 건데, 박근혜 대통령은 기독교 목사처럼 통일은 천국입니다 하고 외친 것이고, 그럼 그래서 천국 가려면 어떤 조건들이 있어야 되냐, 그

걸 이제부터 따져야 됩니다. 그런데 잘못하면 지옥 갑니다 하고 겁주는 사람도 있어야 된다는 거지요. 현재 확률로 봤을 때는 대한민국이 계속 이런 식이라면 90퍼센트는 지옥 가고, 천국 갈 확률은 10퍼센트도 안 되는 거겠죠. 우리는 준비는 하나도 없이 일단, 통일은 천국입니다, 라고 허세를 부려놓고 시작하는 셈입니다.

이응준 『국가의 사생활』의 주인공인 리강은 비극 속에서도 희망을 찾았기에 외국으로 도망치지 않습니다. 바로 그것이 제3국으로 가는 원양선박 타고르호 위에서 바다로 몸을 던져 자살한 『광장』의 주인공 이명준과 다른 점이죠. 저는 작가 최인훈 선생과는 근본적으로 다른 결론을 이끌어내고 싶었습니다. 하지만 저 역시 통일에는 죽음에 비견할 만큼 어마어마한 고통이 뒤따를 거라는 입장인데요, 분단 앞에 우리가 무기력했듯이 통일도 우리가 원하건 원하지 않건 해일처럼 밀려드는 것이 아닐까 싶습니다. 한반도의 통일은 세계사의 흐름 속에서 일어나는 천재지변 같은 측면이 있다는 거죠.

주성하 피할 수 없는 숙명이지요. 종교란 게 죽음에서부터 시작되잖아요. 죽으면 천국 간다, 이게 종교의 씨앗 아닙니까? 지옥에 떨어질지도 모른다는 불안감 때문에 교회도 유지되는 거 아닙니까? 통일도 비슷하다고 생각해요. 우리가 통일을 불안해하기 때문에, 통일은 대박이다라고 외치는 선지자 같은 분들이 나타나는 거죠. 당위가 아니라 현상인 겁니다.

이응준 통일이 되면 시베리아까지 철도를 놔서 기차 타고 유럽에 간다는 식의 장밋빛 얘기들이 많지 않습니까? 통일 후 이북 지역을 개발해서 통일 대한민국의 경제발전을 이룩한다는 얘기를 쉽게들 하는데, 제가 강릉에 가끔 글을 쓰러 갔었거든요. 지금은 평창 동계올림픽 유치 덕분에 좀 나아졌대요. 땅값도 엄청 올랐고. 그런데 그 전에 내려갔을 적에 보면 관광호텔 정문에 못질이 돼 있어요. 손님이 없어서 폐쇄가 된 거죠. 대한민국의 지방 도시들이 대부분 그렇다니까요. 가령 세종시라는 건 국가가 총력을 다해 밀어주는 계획도시 아닙니까? 그런데도 자족도시가 되기는커녕 얼마나 문제가 많습니까? 눈 가리고 아웅이 따로 없죠. 자꾸 공동화되려는 걸 막으려고 온갖 안간힘을 다 쓰고 있는 거 아닙니까? 통일이 되면 북한 사람들은 당연히 이남 지역으로 내려올 겁니다. 정확히는 이남의 도시들로. 더 정확하게는 서울로. 왜냐. 서울에 직업이 있으니까. 우리가 아무리 이북 지역에다 호화궁궐을 지어줘도 거기에 눌러 살 사람이 별로 없을 거예요. 통일 독일이 딱 그랬어요. 동독 지역은 지금도 썰렁합니다. 독일 통일과 한반도 통일을 경제적 측면에서 비교하는 건 이건희 재산과 이응준 재산을 비교하는 거랑 똑같은 거예요. 하지만 그래도 비교 안 할 수가 없는 거지. 그나마 신뢰할 만한, 참고할 만한 데이터가 그거뿐이니까. 따라서 독일 통일과 한반도 통일을 비교할 때는 매우 겸손하고 조심스러워야 합니다. 2~3년 전인가, KBS에서 통일 대토론인가 뭔가를 한 적이 있어요. 가만히 보고 앉아 있는데, 저 양반들을 대체 어떻게 해야 되나 그런 생각이 들더라고요. 통일은 대박이다라고 대통령이 우기는 건 제가 이해한다고 앞서 밝혔잖습니까. 그런데 학자들이 나와서 통일이 되면 분단 비용보다 통일 편익이 훨씬 클 거라고 호언장담을 하고 있으니, 음, 어이가 없는 거지.

주성하 북한을 연구하는 한국의 학자들은 말이지요. 제가 여기에 와서 정말 뭐라고 해야 되나, 실망했던 게 이거지요. 자본주의 사회라서 그런지 만사를 돈으로만 따져요. 통일도 대박이니, 편익이니 물질적으로만 접근하는데 인간의 정신적 측면을 너무 과소평가하는 태돕니다. 한반도에서 기차 타고 유럽 갈 수 있으면 인간이 정말 행복해집니까? 통일로 인해서 극도의 스트레스를 받으면 아무리 주머니가 두둑해진다고 한들 행복하지 않은 거예요. 그리고 아까 말씀하신 도시 공동화 현상 같은 것, 저는 사실 통일된 다음에 그게 제일 문제라고 봐요. 지금 전라도에 수백 억 쏟아 붓는다고 젊은이들이 전라도로 갑니까? 안 간다고요. 통일 뒤에도 마찬가집니다. 이북 젊은이들 북한 지역 한 번 벗어나서 터 잡으면 무슨 혜택으로 구워삶아도 다신 안 돌아가요. 그때 가서야 알게 되겠죠. 핵폭탄만 논하고 있었던 게 얼마나 어리석었는가를.

이응준 대한민국 사람들은 통일에 대해서는 머릿속에 방어 기제가 있는 것 같아요. 너무 힘드니까 생각 자체를 안 하는 거죠. 일부러 그러고 있다는 사실을 자각조차 못하고 있는 겁니다.

주성하 오늘만 해도 저도 힘든데요.(웃음)

이응준 주사파 얘기는 나중에 하든가 말든가 하고, 그건 정치 세력이 아니라 컬트 종교집단이니까. 저는 대한민국의 사민주의 정당들이 정말로 비전이 있는 좌파들이라면 통일 이후, 그리고 지금 현재 남한에 있는 북한 사람들에 대한 각별한 애정과 비전이 있어야 한다고 봅니다. 그런데 자기들끼리 골방에서는 무슨 얘기를 하고 있는지는 모르겠지만, 대중적으로는 그들이 통일 이후의 우리 사회에 대한 고민을 하고 있다는 표시가 전혀 나지 않거든요. 별로 통일을 바라고 있는 거 같지도 않고. 통일 논의의 주도권을 자신들이 혐오하는 우파들에게 다 빼앗긴 건 아닌가 싶고.

주성하 기본적으로 저는 대한민국의 보수, 진보, 우파, 좌파, 뭐, 그런 것들에 대해서 당최 인정하지 않습니다. 왜냐하면

대한민국에서 이념의 용어와 그 적용만큼 왜곡돼 있는 것은
없으니까요.

이응준 다 가짜지. 사이비.

주성하 욕먹을 각오를 하고 말하는 건데요, 저는 저야말로
진보주의자라고 생각해요. 왜냐하면 북한에서 김정일 독재
가 싫어서 기득권 내버린 채 목숨 걸고 싸우다가 왔잖아요.
대한민국 진보주의자들 참 이상해요. 진보주의자라는 사람
들이 어떻게 김정은 체제 같은 3대 세습 전체주의를 비판하
지 않을 수 있느냐는 말이에요. 그런데 그런 그들이 김씨 왕
조를 앞장서 비판하는 저 같은 사람을 보수주의자라 손가락
질 한단 말이죠. 대한민국 보수주의자들도 한심하긴 마찬가
지죠. 저는 그 사람들이 통일 이후에 북한 주민들을 제일 무
시하고 괴롭힐 것 같습니다. 제가 예전에 기사로도 한 번 썼
지만, 탈북자들하고 대한민국의 극우들하고의 공통점은 김
일성, 김정일, 김정은을 증오한다는 것 외에는 없다는 거지요.

이응준 진보는 또 진보 장사가 있으니까. 극우들은 계속해서
적이 존재해야 심리적인 안정을 얻을 텐데, 또 그래야 할 일

도 끊이지 않을 테고. 사실 북한이 없어질까 봐 무의식 속에서 제일 고민하고 있는 건 극우들일 겁니다. 대놓고 고민하는 건 주사파들이고. 그 양쪽 인간들은 자기들이 서로의 사이가 좋지 못한 쌍둥이라는 끔찍한 사실을 알아야 해요.

주성하 사람은 아무리 돈을 갖다줘도 차별당하면 모욕을 느낍니다. 뭐, 또, 돈이나 많이 갖다 주면서 그러나요. 그래서 북한 사람들이 스스로 시장경제를 체득하고 발전시키는 게 통일을 위한 최고의 묘책이에요. 통일 되면 김일성, 김정일 동상들도 남한 사람들이 까부수니 마니 하지 말고 북한 사람들에게 죽이 되건 밥이 되건 무조건 맡겨야 돼요. 남한 사람들이 가서 까부수면 부작용이 크단 말입니다. 매사에 북한 사람들에게도 선택의 여지가 있어야 해요. 그래야 통일에 후유증이 없습니다.

이응준 이제 통일은 국민으로서의 선택이 아니라 인간으로서의 의무가 돼버렸어요. 왜냐. 북한 민중들이 너무 고통받고 있어요. 조선민주주의 인민공화국의 상상을 초월하는 전체주의와 그 강제수용소들 말입니다. 아들이 어머니를 고발하고, 어머니가 아들을 고발해. 강냉이죽 한 그릇에. 그리고 아들이 사형당하는 걸 어머니가 지켜보고, 어머니가 사형당하는 걸 아들이 지켜보게 해. 배가 고파서 쥐를 잡아먹는데 아이들은 쥐 잡을 능력도 없으니까 어른들이 먹다 버린 쥐 머리랑 내장을 먹어. 시체에 구더기가 꼈는데 가서 구더기를 파먹어. 이런 사례들은 얼마 전에 유엔인권위원회에서 공식적으로 나온 이야기예요. 아우슈비츠보다 더하다 이거야. 아우슈비츠에서는 가족들이 서로 끌어안고 가스실에서 죽었어요. 사랑하는 사람들끼리 천륜을 어기면서 서로를 학대하고 죽이게 하지는 않았다고요. 북한 강제수용소는 인간이 만들어낸 최악의 지옥이에요. 나치 강제수용소에서 생존한 유대인들은 제2차 세계대전이 끝난 뒤 세월이 흐를수록 정신적으로 엄청난 문제들을 겪었어요. 인간이란 유리그릇이 얼마나 깨지기가 쉬운데, 거기에서 받은 고통 때문에 일생을 지옥의 그림자에 지배당한다고요. 통일 뒤 북한의 강제수용소에서 풀려난 사람들이 겪을 트라우마가 일상의 문제들로 환원되고 폭발됐을 때 우리 사회가 과연 그 어두운 현상들을 끌어안을 만한 사랑의 힘이 있을까요? 치유의 시스템이 있을까요? 아무튼, 걱정입니다, 걱정. 공포에 가까운 걱정. 북한은 철저한 감시 사회, 통제 사회라서 아랍의 재스민 혁명처럼 밑으로부터의 혁명 자체는 불가능하다고들 흔히 말하는데요, 궁정동에서 김재규가 박정희를 쏘는 것 같은 사건으로 정권이 뒤집힐 가능성은 있다고 보시는지요?

주성하 재스민 혁명 같은 건 불가능하다고 생각하지요. 하지만 10·26 사태 같은 것은 충분히 가능성이 있다고 봅니다. 가장 가능성이 높죠. 그리고 좀 전에 말씀하신 북한 강제수용소 얘기, 제가 당사자거든요. 제가 감옥과 수용소 도합 여섯 개를 체험한 당사자예요. 그런데 시체에서 구더기 파먹는 건 아주 특수한 상황이고, 오히려 고난의 행군 때는 정치범 수용소 대우가 일반 사회보다 나았어요. 왜 그러냐. 정치범들은 북한 사회에서 노예입니다. 노예는 죽으면 노예주가 손해잖아요. 그러니까 먹여는 줬다고요. 가장 심한 건 감옥이지요. 거기에 잡혀 들어가 있는 자들은 죽어도 상관없는 버러지들이니까. 버러지보다는 노예 처지가 한결 낫죠.(웃음) 저는 다 경험했어요. 그런데 이상한 건 그 여섯 군데의 지옥에 대한 기억이 잘 안 난다는 거예요. 수감번호가 몇 번이었는지, 어디서 뭘 했는지, 그때 절 괴롭혔던 놈들 나중에 복수하려고 해도 막상 얼굴이 잘 떠오르지 않는 겁니다. 너무 끔찍했으니까, 스스로 살려고 자동 망각해버리는 거예요. 저는 비교적 건강한 편이니까 그러는 것 같고, 안 그런 사람들은 말씀하신 대로 막 고통 속에서 몸부림 치고 악몽에 시달리고 그러겠지요. 저는 대한민국에서도 10년 넘게 살았기 때문에 여기도 제 조국이에요. 저는 객관적이고 공정한 입장에 서려고 해요. 그래서 남한 사람들한테도 북한 사람들 구원하기 위해서 당신들 희생하지 말라고 얘기해요. 탈북자들은 그래도 나아. 자기 결심으로 대한민국에 온 사람들이니까. 그렇기 때문에 여기 와서 남한 사람들에게 멸시받아도 일단 내가 선택한 길인데, 라는 그런 마음이 있고, 또 어차피 자기들은 대한민국 사회의 소수계층일 뿐이거든요. 2만 6000명이 해봤자 뭘 하겠습니까? 하지만 통일 뒤는 얘기가 달라요. 2400만 명이 무시당하고 잠자코 있겠습니까? 북한은 북한

대로 혁명이 일어나 스스로 자본주의를 발전시켜나가는 과정에서 자연스레 남한과 합쳐져 통일되는 편이 가장 좋아요. 제발 그러길 바랍니다.

이응준 그래서 독일 학자들이 자기들 통일을 후회하면서 한반도 통일에 대해 누누이 강조하는 게 뭐냐면 국경 유지예요. 국경을 유지한 상태에서 통일이 진행돼야 된다는 거죠. 자유민주주의, 자유시장경제 체제로.

주성하 그게 불가능하다는 거지요.

이응준 그러니까 그렇다고요. 말이 그렇다고요.

주성하 국경을 넘어 밀려들어오는 동포들을 전 세계의 면전에서 총으로 쏴 죽일 수 없잖아요. 이것도 생각하셔야 돼요. 제가 배고파 보니까 배고프면 아무 생각이 안 나요. 먹는 것밖에 생각이 안 나요. 북한을 저렇게 계속 빈궁에다 놔두게 되면 그 사람들은 절대 노예에서 못 벗어나요. 민주주의라는 게 어느 정도 소득 수준이 돼야 가능하다잖습니까. 사람이 일단 배부르고 나서야 그다음에 딴 생각을 하는 것이지. 북한이 계속 극빈에 시달리면 통일은 점점 더 어려워져요.

돼도 문제가 많을 거고. 얼마 전에 제가 동아일보에 칼럼 썼는데, 지금은 섣부른 인도적 지원을 할 때가 아니고, 인프라를 깔아라. 왜냐하면 철도, 도로 까는 데 진짜 시간이 많이 걸려요. 그것 깔아봤자 김정은 체제 유지에는 별 도움이 되는 것도 아니고요. 현금이나 식량을 주는 게 아니기 때문에. 그리고 철도, 도로 깔아놨는데 그걸 활용 안 하면 무용지물인 것이고 활용을 하게 되면 개혁개방으로 간다는 겁니다. 북한 사람들이 자본주의적으로 변한다는 거지요.

이응준 북한에 지하자원이 대단한 게 없다는 시각도 있더라고요.

주성하 그게 맞는 시각이에요. KDI가 이번에 남북 지하자원이나 인력 가치가 과대평가됐다는 분석 보고서를 냈는데, 그게 맞는 말이라 봅니다. 지금까지 7000조 지하자원 있고 어쩌고 하는데. 말도 안 되는 소리예요. 그럼 북한이 지금 왜 저렇게 살겠습니까?

이응준 셰일가스 나오기 시작하면서부터 지금 전 세계 지하자원 시장이 굉장히 요동치고 있어요. 석유 값도 계속 떨어질 것이고, 미국 제조업체들이 미국으로 돌아간다지 않습니까. 인건비 싸져서 굳이 공장이 중국 같은 곳에 있을 필요가 없어진 거죠. 지하자원이란 게 그처럼 세계의 흐름에 유동하는 면이 강하고, 또 설령 지하자원이 풍부하다고 해도 그게 과연 개발과 유통 비용 대비 쓸모가 있는 지하자원인가는 더 따져봐야 되는 겁니다.

주성하 포스코는 철광석을 호주에서 들여오잖아요. 호주 철광 함량이 60~70퍼센트인데 북한 철광은 40~50퍼센트밖에 안 돼요. 경제성이 없는 겁니다. 지하자원 가지고 통일을 논하는 것보다는 북한의 저렴한 인건비에 주목하는 편이 옳아요. 물론 불평불만이 대단해 사회문제로 이어지겠지만. 희토류는 모르겠어요. 북한에 희토류가 얼마나 있는지 모르겠는데, 북한에서 내세울 만한 게 하도 없으니까, 통일의 긍정적 효과를 강조하기 위해서 그러는 거라고 이해하고 대충 넘어가는 게 좋습니다.

이응준 북한은 이미 오래전에 정상국가로서의 기능과 자격을 상실한, 극빈과 폭력과 야만과 광신 같은 것들만 남아 있는 유사국가일 뿐입니다. 과학적인 질문인데요. 통일 된다면 불시에 될까요?

주성하 점쟁이같이 말해본다면, 저는 벼락치듯 될거라고 생각해요. 독일처럼.

이응준 통일을 거부하고 남한만 따로 잘살 수 있을 것 같은데, 그건 또 아니에요. 21세기에도 영영 한반도 분단이 고착화되면 대한민국이 일본이랑 중국 사이에 완전히 긴 채로 동북아 정세에 휘둘려 삼류 국가로 전락할 가능성이 상당히 큽니다. 중국이 무너지는 북한을 흡수하게 돼서는 절대 안됩니다.

주성하 먼 미래로 봐서.

이응준 먼 미래를 봐서. 그러니까 당위와 현실의 문제뿐만 아니라 가까운 미래와 먼 미래까지 다 계산을 해야 할 문제라고요, 통일이라는 게.

주성하 중국은 궁극적으로는 북한 절대 못 먹어요. 잠깐 먹을 수는 있지. 하지만 영원히 점령은 못 해요. 북한의 민족주의는 말이죠, 남한 사람들이 상상할 수 있는 수준이 아니에요, 장난이 아니라고요. 반드시 반란이 일어나게 돼 있습니다. 중국이 괴뢰정부를 세운다고 하더라도 그게 얼마간 존속하다가 경제발전이 되면 북한 사람들은 남한하고 통일을 선택하지 중국에 편입 안 돼요. 절대로 그건 있을 수가 없는 일이에요. 그래서 저는 차라리 중국이 북한을 먹어서 한 30년 동안 경제만 발전시켜주고 민주화 교육, 시장 교육을 좀 시켜준 다음에 남한과 합친다는 것도 나쁘지만은 않다고 생각합니다. 그러는 편이 남한 사람들이나 북한 사람들이나 훨씬 덜 고통스럽다는 거예요.

이응준 지금 일본의 입장은 중국이 동북아시아를 주도하는 꼴은 절대 좌시하지 않겠다는 것 아닙니까. 일본은 사실상 핵보유국이에요. 일주일이면 핵폭탄을 만들 수 있으니까. 중국은 군사비 지출을 엄청나게 하고 있죠. 나토 국가들 몇 개가 지출하는 군사비 합쳐놓은 것보다 많다니까. 중국은 지속적인 경제발전이 시급해요. 계속 일본과 군비경쟁을 하기에는 부담이 너무 큽니다. 또 만약 북한과의 국경 문제가 이상하게 꼬여가서 사단이 나면 티베트 등 소수민족들이 독립을 요구하며 동시다발로 들고일어나 여러 곳에서 각종 테러와 전선을 감당해야 할 테고 그 와중에 대혼돈 속으로 빠져들 수도 있어요. 덩샤오핑이 설계한 개혁개방의 공산당 모델이 과연 민주화 요구를 언제까지 무마시킬 수 있을지도 장담할 수 없고요. 이러한 상황들을 잘 이용하면 우리가 통일에 대한 주도권을 잡을 수 있을 겁니다. 독일 통일을 가능케 한 것은 동독 붕괴와 서독의 힘만이 아니라, 고르바초프의 페레스트로이카와 글라스노스트 덕이 컸다고요. 그건 결국 뭐였는가. 바로 소련의 약화였다고. 결국 1990년 독일이 통일된 이듬해 소련은 사실상 붕괴에 들어갔고, 정식으로는 1922년 1월 1일을 기해 이 지구상에서 완전히 사라져버린 거죠. 제가 통일이 왜 세계사적 대세냐는 생각이 자꾸 드는가 하면, 중국이 이상해요. 역사를 비롯한 세상 만사가 다 그렇죠. 비등점까지는 그저 그렇게 보이지만 그 별것도 아닌 것 같은 선 하나만 넘어가면 쾅 하고 터져버리는 겁니다. 홍콩에 영화사 취재차 출장가면 종종 어느 기차역에 천안문 광장 시위 진압 사진들이 붙어있어요. 마치 우리 과거에 5·18민주항쟁 사진들이 광주시내버스 터미널에 붙어 있었던 것처럼. 동독과 서독이 합칠 때 소련의 변화가 가장 중요한 동인이었듯이, 어떤 측면에서건 중국의 변화가 한반도 통일 정세에 큰 호재로 작용하리라는 예감이 듭니다. 대한민국은 정신을 똑바로 차리고 있어야 해요. 기회는 늘 오는 게 아니니깐. 음, 자. 아까 북한의 감옥과 강제수용소에서의 기억이 잘 나지 않는다고 그러셨잖아요. 북한에서 민중들을 억압하고 그렇게 몹쓸 짓을 했던 사람들을 통일 이후에는 어떻게 처리해야 할지에 대해 말씀해주셨으면 좋겠어요.

주성하 북한의 과거사 청산 문제는 북한 사람들한테 맡겨야 된다고 생각해요. 대한민국이 거기 개입해서는 안 됩니다. 반드시 심각한 부작용이 따를 거예요. 남한 법으로 심판하면, 사형시켜야 할 죄에도 20년형 정도밖에는 안 때리잖아요. 북한 강제수용소에서 고생한 사람들 그거 납득 못 합니다.

이응준 그러니까 이게 보통 문제가 아니야……

주성하 인민재판 해야 돼요. 왜냐하면, 친일파 청산 제대로 안 해서 70년 가까이 이 지경으로 국론이 분열돼 있는 거잖아요. 이 문제도 마찬가지라니까요. 이걸 남한 사람들이 뜬어말리고 참견하면 북한 사람들 증오가 폭발할 겁니다. 북한은 남아프리카공화국과 달라요. 북한은 과거청산 확실히 안하면 내전 납니다. 남아프리카공화국식으로 고백하고, 화해하고, 용서하고, 통합하는 거, 그거 전혀 안 통할 거예요. 안통하는 정도가 아니라 끔찍한 난리가 날 겁니다.

이응준 딜레마야……. 사적 처벌을 용인하는 건 근대국가가아니거든요. 그걸 놔두면, 그러니까 이게, 거 참.

주성하 저는 사적 처벌은 막을 수 있다고 생각해요.

이응준 인민재판이 사적 처벌이지 뭐가 사적 처벌입니까? 근대국가의 사법적 처벌이라는 것은 이석기 재판하듯이 답답하게 하는 거예요. 지금 그러지 말자는 거 아닙니까?

주성하 남한식 기준을 적용하지 말고 북한식 기준을 준비해둬야 돼요. 그 사안에 있어서만은, 사법적 절차건 인민재판이건 뭐건.

이응준 북한에서 지식인으로 사셨는데요. 지금 남한에서는기자로 살고 계시고. 본인이 감당하고 싶은 통일 이후의 역할이라든가, 자신에 대한 존재 규정. 그런 것 좀 말씀해주시면 좋겠어요. 모종의 책임감 같은 것이 분명히 있으시리라 보는데요.

주성하 『광장』의 이명준이 남한도 북한도 아닌 제3국을 선택해 배를 타고 가다가 바다에 뛰어들어 자살하잖아요. 이명준은 경계인이죠. 그게 우리 한반도 역사에서의 경계인의 최후고. 송두율이라는 양반이 말하는 경계인, 정말 경계인은 송두율이 아니라 바로 저예요. 북한 편도 아니고 남한 편도 아니고 한민족 편이 되게끔 살아온 사람. 제 주민등록은 여전히 조선민주주의인민공화국에 남아 있을 거예요. 여기 대한민국 주민등록증도 있고. 물론 양쪽에서 다 돌을 맞을 수도 있겠지만, 저는 대한민국에 와서도 할 소리는 다 해요. 왜냐하면 제가 목숨을 걸고 이 길을 선택해서 왔는데, 우리 민족을 위해 할 말을 하는 것이 제 인생에 대한 예의이자 자존감이라고 생각하기 때문에. 그래서 우파도 비판하고, 좌파도 비판하고, 김정일한테 협박도 받으면서 해야 할 소리는 다 하는 겁니다. 통일이 되게 되면, 북한 사람들을 대변해줄 수 있는 사람이 있어야 해요. 남한 기자들은 결국 다 남한 사람들 입장에서 글을 쓰게 된다고요.

이응준 통합적 시각을 가지고 계시니 충분히 좋은 결과가 있을 겁니다. 계속 성장하셔서 반드시 그럴 수 있는 힘을 가지시길 바랍니다.

주성하 북한 사람들을 설득도 해야지요. 통합을 위해.

이응준 탈북자들을 보면 어떤 생각이 드십니까? 전체적으로.

주성하 탈북자들을 보고 먼저 온 미래라고 하잖아요. 그런데 먼저 온 미래가 암울하잖습니까. 탈북자들 중에 10분의 1이 남한에 적응을 못 하고 떠납니다. 과연 탈북자들이 통일의 역군일까요? 자칫 잘못하면 그들은 통일 대한민국의 적대자들을 선도할 수도 있어요. 조선족 40만 명이 여기에 와가지고 돈 제일 많이 벌어서 돌아가는 데가 연변이에요. 승용차 끌고 양복 입고 다니죠. 그런데 중국에서 반한 감정이 제일 높은 데가 어디냐, 바로 연변이에요. 왜 이 사람들은 남한에서 돈 벌어 가놓고는 혐한론자들이 되느냐? 탈북자들도 그럴 수 있다는 거죠, 충분히.

이응준 대한민국에는 좌익과 우익의 갈등이 심각한데요. 그것이 통일 이후에는 어떤 영향을 미칠 것 같습니까?

주성하 통일 대한민국에서는 이념적 갈등은 없어질 것 같은데요.

이응준 오히려?

주성하 통일 대한민국 안에서는 적이 없어졌으니까, 김일성과 김정일과 김정은이 없어졌으니까, 대신 과거 남한 사람들과 과거 북한 사람들 간의 반목과 갈등이 득세할 거예요. 아마도 그 덕에 전라도와 경상도의 지역 갈등은 봉합될 겁니다. 조선민주주의인민공화국이 사라지면 주사파 같은 사이비 종교집단도 자연 고사돼버리겠죠. 통일 대한민국 내의 남과 북이라는 새롭고 무시무시한 지역감정이 기존의 이념 갈등들을 전부 흡수해버릴 거라고요.

이응준 그렇게 될 거다?

주성하 네.

이응준 한반도의 핵전쟁 위험성은 어느 정도라고 생각하세요?

주성하 한반도의 핵전쟁 위험성은 제로라고 생각합니다.

이응준 그런 낙관의 이유는?

주성하 일단, 김정은 체제가 핵을 갖고 있는 건 자위적 목적이죠. 김정은이가 북한에서 제일 부자 아닙니까. 자기가 핵을 쓰면 자기를 죽이는 꼴이잖아요. 김정은이 핵 쓰고 살아남겠습니까? 절대 못 살아요. 사람들이 자꾸 김정은을 완전 미친놈이라고 생각하는데, 그런 놈들일수록 잃을 게 많아서 냉혹하게 득과 실을 계산하죠. 왜 핵미사일을 쏘겠어요? 그런다고 대한민국을 먹을 수 있는 것도 아닌데. 아까 우리가 얘기했듯이 남한이건 북한이건 민족주의가 강해요. 북한 사람들이 남한 사람들보다 훨씬 더 합니다. 아마 명령이 내려와도 핵미사일 발사 단추 안 누를걸요? 낭만적인 헛소리가 아니라, 북한 사람들을 바보천치, 정신병자라고 생각하면 안 돼요.

이응준 혹시 남한에 와서 교회 다녀보신 적 있으세요?

주성하 있죠.

이응준 지금 교회 다니세요?

주성하 아뇨. 가끔. 별로…….

이응준 남한 기독교에 대해서는 어떻게 생각하십니까?

주성하 본래의 긍정적인 모습에서 너무 멀리 변질되었지요. 물질만을 추구하는 것 같아요. 영혼을, 구원을 핑계로.

이응준 무엇보다 종교인들이 세금을 안 내고 있잖아요. 종교 인들에게도 세금을 거둬서 그게 통일 자금의 종자돈이자 통일세의 시초가 됐음 좋겠습니다. 대한민국 교회 인프라가 얼마나 대단합니까? 통일 이후 국가가 못 하는 일들을 교회는 할 수 있어요. 다 그렇게 하라고 성경에 적혀 있는 말씀들이 잖아요. 네 형제와 이웃을 사랑하라, 가난한 자를 도와라, 재산을 땅이 아니라 하늘나라에 쌓아두라 등등. 자, 제가 정말 판타지 소설을 한번 써볼게요. 대한민국 교회들이 통일 이후에 북한 사람들을 주님 뜻대로 먹여주고, 재워주고, 교육해주고, 부모형제가 돼준다면? 벗이 돼준다면? 웬만한 동네에 편의점보다 더 많은 게 교회야. 이런 사회복지 인프라가 어디 있느냔 말입니다. 만약에 대한민국 교회가 대각성과 대회개를 해서 통일 이후에 자기들의 선한 역할을 정말 찾는다면 위대한 기적이 일어날 수도 있다고 보는 겁니다. 하지만 절대 그럴 일이 없거든, 그 인간들이. 그러니까 이게 판타지 소설 인 게지.

주성하 남한 와서 교회 많은 거 보고 엄청 놀랐어요.

이응준 과연 통일 대한민국은 북한 인민들을 끌어안을 사랑 의 역량이 있을 것인가? 사랑의 시스템을 건설할 수 있을 것 인가? 저는 없을 거라고 보는 거예요. 대한민국 종교인들이 짐승이 인간이 되는 것처럼 거듭나기 전에는요. 특히 개신교 와 불교계가. 교회와 사찰은 정말 통일 대한민국에서 아름답 게 쓰일 수 있는 사랑과 자비의 도구거든요.

주성하 종편에 아주 유명한 목사가 출연했어요. 자기 아들한 테 세습한 목사예요. 북한 3대 세습을 막 비판하는 거야. 진 행자가 그랬어요. 목사님이 아들한테 세습한 거는 어떻게 생 각하냐고. 그러니까 이래요. 김정일하고 나는 다르지. 나는 정당한 절차에 의해서 물려준 거지. 하. 코미디도 그런 코미 디가 없어요. 저승에 있는 김정일에게 물어보세요. 자기도 정당한 절차에 입각해 물려줬다고 그러지. 저는 우스운 거예요. 그런 사람들이 대한민국의 기독교 지도자들이라고 자처하는 게.

이응준 그래도 세상 많이 좋아진 겁니다. 2000년 초만 해도 기독교 비판 함부로 했다가는 꽹과리로 맞아 죽었어요. 뭐 지금도 근본적으로 달라졌다고는 할 수 없겠지만. 대한민국에서는 그런 사람들이 수령님이었다고요. 그건 그렇고, 저는 통일 문제를 생각하면 자꾸 아우슈비츠가 떠올라요. 유럽의 아우슈비츠가 한반도의 우리에게 자꾸 뭔가 중요한 질문을 던지고 있다는 느낌이 들어요. 아우슈비츠라는 게 유럽인들에게 왜 충격이었냐면 유대인 학살 자체가 무간지옥이기도 했지만, 그게 유럽인이 유럽인을 짐승만도 못 하게 도살한 일이었거든. 유럽의 이성이라는 것을 창조하고 책임지던 게 거의 유대인들이었어요. 자기들은 이성주의자라고 자부했던 유럽인들이 아우슈비츠를 까보니까, 다름 아닌 자기들이 그런 악마보다 못한 짓들을 저지른 거야. 그것도 아주 계획적으로 과학까지 들이대면서. 실존주의라든가 포스트모더니즘도 다 그러한 유럽인들의 절망을 극복해보려는 안간힘에서 싹튼 겁니다. 아우슈비츠는 그야말로 유럽 전체가 뒤집히고 서구 문명이 산산조각 난 대사건이거든요. 훗날 북한이라는 현대의 가장 혹독한 전체주의 국가가 해방돼 세계사의 대낮에 알몸을 드러냈을 때의 충격은 엄청날 겁니다. 아마도 20세기와 21세기가 함께 시험당할 거예요. 6·25 당시 서구에서는 그랬대요. 앞으로 10년 안에 한국 작가가 노벨문학상을 받을 거다. 왜냐? 저렇게 혹독한 인류 대전쟁을 치르고 나서 한국 작가가 그 체험을 글로 쓸 것 아니냐. 웃기는 소리였지. 노벨문학상은 무슨 개뿔이 노벨문학상이야? 그때 한국 작가들 거의 다 비겁했어. 부산 다방에서 세상 비관하다가 수면제나 먹고 죽고. 종군기자랍시고 후방에서 지프나 타고 다니고. 총 들고 나가서 싸우고 그걸 갖다가 기록한 사람이 거의 없어요. 그나마 김은국의『순교자』라는 장편소설이 있죠. 근데 그건 오리지널이 영어로 된 작품이라서 사실 영문학이야. 물론 나중에 한국어로 작가가 다시 쓰긴 했지만. 김은국은 해병대에 입대해 미군 사령관 부관으로 근무하다가 육군 보병 중위로 제대했고, 미국으로 이민 가서 그 장편

소설을 쓴 거예요. 결국 그게 한국계 작가의 작품 최초로 노벨문학상 후보에 오르긴 했지만, 한국문학이라고 보기엔 좀 쑥스럽지. 그게 우리고, 그게 우리 문학의 과거이자 현실입니다. 한반도의 20세기는 아직 끝나지 않았어요. 20세기에 발목 잡힌 상태로 21세기가 진행되고 있는 셈이라고요. 우리 사회가, 남과 북이, 우리 민족이 겪고 있는 이 혼돈은 바로 그러한 모순 때문입니다. 통일 대한민국이 안정을 찾을 때쯤이면 그런 모순도 사그라지겠죠. 그 직전까지 이 모순의 폭력은 극을 향해 치달을 겁니다. 그런데 이게 사실 작가한테는 굉장한 양분이고 재산이에요.

주성하 작가님이 생각하시는 가장 무서운 일은 뭡니까?

이응준 증오지, 증오. 통일 대한민국 안에서 창궐할 그 수많은 증오들을 어떻게 해결할 것인가? 그것들을 감당할 만한 사랑과 치유의 시스템을 우리는 가지고 있는 것인가? 자, 없다면 이제부터 대체 어떻게 할 것인가?

주성하 그건 작가님이 생각하시는 통일 이후의 가장 끔찍한 문제잖아요. 지금 가장 끔찍한 문제. 내 방금 질문은 그거였어요. 작가님이 생각하시는 현재의 가장 끔찍한 문제. 물론 통일 이후의 가장 끔찍한 문제가 우리의 공통된 질문이긴 하지만.

이응준 지금도 증오예요. 미래의 가장 끔찍한 문제도 증오일 것이고.

관계자 지금 사회에서도?

이응준 당연하죠. 대한민국은 아무리 설득해봐야 49대 51의 사회니까. 그것도 처절하게 증오하고 혐오하고 짜증내는 진영논리에 사로잡혀 있는. 그게 블랙홀이죠. 그 안으로 빨려들면 일단 모든 이성은 마비되고 우리 편이 아무리 큰 과오를 범했어도 그건 무조건 이유가 있는 거고 선으로 가는 과정인 거죠. 저쪽 진영에서 하는 짓은 무조건 악마의 소행이고. 사실 법만 없으면 죽여버리고 싶은 사람들끼리 절반씩 나뉘어서 살아가고 있는 나라인 셈이죠.

주성하 인터넷 댓글들을 보면, 맞는 얘깁니다. 적의뿐만이 아니라 악성 히스테리 사회인 거 같아요.

이응준 좀 보편적인 해석으로 유도해본다면, 어쩌면 이것도 핑계이긴 한데, 원래 반도 지역에서는 극단적인 인종분쟁이 자주 일어나요. 발칸반도의 인종청소 같은 것이 대표적인 사례죠. 반도국가에서는 외부인들과 피가 섞인다거나, 외부로부터 뭐가 들어오는 것에 대해서 굉장한 거부반응들을 보여요. 육체적이건 문화적이건 자신들과 낯선 것이 섞이면 자신들이 사라진다는 공포를 무의식적으로 가지고 있는 거죠. 남한이건 북한이건 민족주의가 강한 것은 그런 영향도 있습니다. 게다가 역사적인 차원으로 넘어간다면, 20세기의 가장 참혹한 이념전쟁인 6·25 전쟁이 바로 이 한반도에서 벌어졌고, 그 와중에 둘로 나뉘어서 죽이고 죽고 하는 것이 뼈에 사무쳤을 테고, 유전자적인 극단주의와 이념적 극단주의가 앙상블을 이뤄 우리에게 내면화돼버린 거겠죠. 한국은 지금도 폭동 직전의 사회에요. 가령 외국인 노동자들의 집단 주거지에 취재를 나가보면 어렵지 않게 체감할 수 있습니다. 이 나라가 얼마나 부조리한 분노의 바다 위에 둥둥 떠 있는지.

주성하 증오의 에너지가 너무 강해.

이응준 야만의 구조는 언제 어디서든 별 다른 게 없어요. 제가 아까 기독교적 틀 속에서 남한과 북한을 비교한 것도 남한이나 북한이나 야만의 구조가 똑같다고 생각한 거예요. 남한 기독교나 북한 김일성교나 똑같은 거지. 남한 사람들이라고 잘난 척을 할 수가 없어. 남한 사람들, 정상 아니야. 정상이라고 생각하면 그게 더 미친 거겠지.

주성하 책 안 팔릴 말씀만 하시네.

이응준 북한 사람들이 수령님 동상 앞에서 막 눈물 흘리는 거나, 남한 사람들이 부흥회 가서 통성기도하면서 눈물 흘리는 거나 똑같은 거야. 의식의 설계도는.

주성하 다르다고 하잖아요. 목사가 자기 자식한테 교회 세습하는 거는.

이응준 그 인간이 하나님인가 보네. 남한 사람들은 자기들이 북한 사람들보다 굉장히 건강한 상태이고 뭐든 훨씬 정상적으로 돌아가고 있다고 착각하고 있는지 모르겠는데, 막상 정신분석을 해보면 정신질환의 강도가 비슷하게 나와요. 한민족의 정신적 유전자는 결국 샤머니즘인데, 이게 이북에서는 근대화에 실패하면서 다시 왕조로 되돌아가는 사이에 김일성교로 가서 안착한 거고, 이남에서는 미국 자본주의와 의회민주주의가 성립되면서 기독교가 들어왔는데, 거기 가서 딱 홀레붙어버린 거야. 2002년도 월드컵 때 대한민국이 난리가 났잖아요. 그게 그나마 우리 민족의 샤머니즘이 긍정적으로 발현된 케이스인 거야. 사실 그 발광에 대해서도 정말 긍정적이었는가는 차분히 따져봐야겠지만.

주성하 통일, 걱정이네요. 정신병자들끼리의 통일이라.

이응준 인생 오래 살아보고, 정치 오래 한 사람들, 그 양반들이 하는 소린데, 굉장히 막말인데, 이게 또 정답이야.

주성하 뭐라는데요?

이응준 미리 걱정할 필요 없다, 그럽디다. 참 무서운 말이지. 사실 진실이고. 죽을 놈 죽고, 살 놈은 살고, 박살 날 것 다 박살 나다 보면 결국 안정을 찾을 것이다. 그 얘기죠. 어쩔 수 없지만 귀담아 들을 수밖에 없는 대목이에요.

주성하 그들은 그런 혼돈 속에서 운 좋게 살아남았으니까 그런 얘기를 하는 거지요.

이응준 그런데 그 할아버지들이 또 보는 눈이 있는 거라고.

건국이란 것을 하고 온갖 지옥을 다 견뎌내 이 도시들을
건설한 할아버지들 아닙니까. 뭐, 물론 할머니들도 있겠지
만.(웃음) 6·25 전쟁에 대한 시각도 많이 달라진 것 같아요.
예전에는 6·25 전쟁을 참상으로만 봤잖아요. 그런데 요즘은
6·25 전쟁이라는 극단적 폐허가 있었기에 이념적으로 각자
갈라져 청소가 되었고, 상공업자들이 이남으로 대거 내려오
고, 이북으로는 주로 이념주의자들이 올라갔다는 거지. 6·25
전쟁이라는 확실한 경계선이 있었기에 두 세계가 나름 정리
돼 새로운 출발을 할 수 있었다는 거예요. 그러니까 이승만
도 토지개혁을 한 것 아닙니까? 북한의 무상몰수 무상분배
는 사실 무상몰수 무상분배가 아니야. 소비에트식의 집단
농장인 셈이고. 이승만의 토지개혁이 진짜 토지개혁이지. 유
상몰수 유상분배. 그래서 지주들의 토지자본이 자연스럽게
공업에 투자될 수 있었던 거고. 만약 이승만이 좌파 진보주
의자 조봉암 선생을 초대 농림부 장관으로 내세워 토지개혁
을 완수하지 못했다면 6·25 전쟁 때 농민들이 인민군에 동조
해 전쟁에서 패배했을 거라는 시각이 지배적이에요. 물론 이

승만 대통령이 진보당 당수 죽산 조봉암 선생을 1959년 간첩죄로 몰아 사법살인 해버리지만. 그건 토지개혁과는 다른 사건이고. 나 같은 경우에는 대학교 신입생 시절부터 이승만은 개새끼라고 교육받고 자란 세대의 끄트머리니까 참 감회가 깊은 얘긴데요. 나이가 들고, 세세하게 공부해나가면서 새롭게 규정되는 부분들이 참 많아요. 시인 김춘수 선생님이 생전에 사석에서 제게 이런 말씀을 하신 적이 있어요. 두 가지를 명심하라고요. 첫째, 사건을 한 사건만으로 보지 말고 역사 속에서 살펴봐라. 둘째, 인간은 비극이 없으면 살지를 못 한다. 인간은 오직 행복해야 살 것 같은데, 사실 그렇지 않다. 인간은 비극이 있어야 제대로 살아갈 수 있다. 이게 아마 신학자 폴 틸리히의 견해를 인용하신 걸 겁니다. 그래서 저는 항상 그런 생각을 해요. 과연 우리에게 지금 필요한 비극은 뭘까?

주성하 사실 우리 한반도 역사는 물론이고 세계사를 감안해 봐도 현재 엄청난 태평성대 아닙니까? 어쩌면 통일의 과정과 그 이후에 오는 난관들은 이미 우리가 이겨냈던 것들에 비하면 별것 아닐 수도 있죠.

이응준　6·25 전쟁 연합군 용사들이 고향으로 돌아가 정신적 외상으로 오랜 세월 고통받다가 요즘 대한민국을 방문하고는 뜻밖의 치유를 받는답니다. 휴전 뒤 제 나라로 돌아가면서는 한국 쪽은 죽어도 다신 쳐다보지도 않겠다고 맹세했던 그 사람들이 말입니다. 대한민국의 눈부신 발전을 직접 확인하고는, 여기서 지옥을 경험했던 내 청춘이 헛된 게 아니었구나 하는 생각을 하면서 자존을 회복하게 되는 거죠. 불사조, 지금의 대한민국을 보니 마치 잿더미 속에서 불사조가 솟아오르는 걸 보는 것 같다고들 고백한대요. 저는 그러한 기적이 우리 민족에게 다시 한 번 더 허용되지 않으리란 법도 없을 거라고 희망합니다. 하지만 그 과정에는 엄청난 괴로움이 수반되겠죠. 충분한 자료들이, 우리가 거대하고 깊디깊은 위기를 타개하기 위해 참고해볼 유용한 자료들이 많이 필요합니다. 그런 의미에서 저는 이 작은 책이 한반도 통일에 대한 아주 간편한 가이드북이 될 수 있다면 좋겠어요. 가이드북이라는 건 뭐냐면, 막 복잡하고 두껍고 이런 것 말고,

얇은데 딱 그거 한 권 읽으면 최소한 마음을 준비할 수 있는 책, 아주 방대한 내용은 아니더라도 모든 쟁점들을 스스로 타파해나갈 수 있는 감각을 일깨워줄 수 있는 책, 저는 그런 게 꼭 필요하다고 믿거든요. 미래의 고난에 대한 기본적인 백신. 제가 용한 점쟁이거나 대단한 학자는 아니지만 분명 시인이니까, 시인은 어쨌거나 예지의 문학성을 지니고 있는 사람일 수밖에 없고, 이런 열린 마음으로 고뇌하고 소통한 것들을 기록해놓으면 훗날 다른 사람들이 이게 도대체 뭐 하자는 세상이지? 하며 당황할 적에 반드시 도움이 됐으면 하는 바람을 가져봅니다.

주성하 아까 증오라고 하셨잖아요. 딱 한마디로 그건 다문화의 문제가 될 거예요. 같은 민족끼리의 문화적 차이의 문제. 멸시와 천대의 문제. 동독하고 서독이 오씨, 베씨 하며 서로 싸우지 않습니까? 독일 사람들은 신사잖아요. 그 사람들도 오씨, 베씨 하며 서로 삿대질을 해대는데 우리 한국인들의 기질과 지성의 수준을 감안하면 상상만 해도 끔찍할 거 같아요. 그런 비극을 막으려면 사실 민족주의의 가면부터 벗어

던져야 됩니다. 그래야 제대로 어울려 살아갈 수가 있어요. 또한 이런 식의 진영논리가 판치는 풍조가 지속된다면 통일 대한민국은 굉장히 위험할 수밖에 없어요.

이응준 독일 통일 직후에 제가 거기에 좀 있었잖아요. 벌써 거의 25년 전으로 거슬러 올라가는데, 지금도 그렇겠지만, 당시 제 눈에 비친 서독은 정말 우리와는 비교가 안 되는 선진국이었어요.

주성하 그렇지요.

이응준 생각해보세요. 외국인들에게 공짜로 박사 공부까지 시켜주는 나라였으니까.

주성하 엄청난 관용이죠.

이응준 늘 하는 말이지만, 남한과 북한의 통일을 서독과 동독의 경우와 비교한다는 건 정말 건방지기 짝이 없는 노릇이에요. 그 사람들이 베씨, 오씨, 그러면서 서로 싸웠다고는 하지만 서로를 위한 노력 또한 눈물겨웠습니다. 특히 서독 사람들은 존경할 만한 인내심으로 정말 많은 희생을 감당했어요. 그래서 나라가 다시 안 쪼개지고 지금까지 버텨온 겁니다. 통일 대한민국 안에서 남한 사람들도 그걸 명심해야 할 거예요. 뭐, 서독이 워낙 대단한 나라였으니까…….

주성하 서독과 동독은 별 차이도 없었잖아요. 교류도 많았고, 동독에서 서독 텔레비전도 보고.

이응준 남한과 북한이 통일되면 한반도 안에서 인류와 국가와 사회에 관한 대실험이 벌어질 거예요. 지난 20세기에 대한 총정리와 21세기에 대한 초기 진단과 전망이 비로소 이루어질 겁니다. 아프겠죠. 많이 아프겠지만, 솔직히 한편으로는 은근히 기대도 돼. 왜냐. 천국보다는 지옥이 더 좋은 작가니까. 천국에서 심심한 거보다는 인간들이 활활 타오르는 지옥의 혼돈 속에서 글을 쓰는 게 작가의 행복이니까. 스위스에 있으면 제가 뭘 하겠어요? 초현실주의적인 시나 쓰고, 마약이나 하겠지. 한반도라는 세계사의 심장 속에 살고 있으니 이 세계와 인간이 이만큼이나마 잘 보이는 거 아닙니까. 그런 의미에서, 제 개인적으로는, 통일이 대박은 맞아.(웃음)

주성하 저도 그래요. 기자니까. 한국에서 교수 하던 사람이 미국 가서 세탁소 하고 그럴 때 죽을힘을 다해 인내한단 말입니다. 탈북자들도 중국인 밑에서는 천대받는 거 어떻게든 참을 수 있어요. 근데, 아무리 잘 해준다고 해도 동포 밑에서는 그짓 못 하는 겁니다. 같은 민족이 나를 멸시한다는 건 못 참는다니까요. 통일 대한민국에서 남쪽 사람들 북한 가서 조금이라도 잘난 척해버리면 반드시 문제가 일어난다고 봅니다. 북한 사람들, 차라리 북한이 중국 식민지 되는 건 일단 감내한다고요. 어차피 다른 민족이니까. 하지만 남한 사람들의, 남한 자본주의의 노예가 되는 건 그 충격의 차원이 달라지는 겁니다.

이응준 제가 『국가의 사생활』에 다 써놓은 것들인데…….

주성하 동족한테 천대받는 거는 못 참는다니까요.

이응준 이미 밝혔듯 대한민국은 폭동 직전의 사회로 접어든 느낌입니다. 통일 대한민국은 폭동의 사회가 되지 않을까 걱정이네요. 음…… 시간이 다 소진된 것 같습니다. 못 다한 이야기들은 다음 기회에 또 나누죠.

주성하 제가 무슨 대단한 철학자도 아니고, 이런 대담을 한 것이 주제넘은 짓은 아니었는지 걱정입니다.

이응준 대한민국과 조선민주주의인민공화국 양쪽에서 지식인으로 살아본, 살고 있는 그 체험의 역사적 위치가 귀중한 거죠.

주성하 감사합니다. 재미있었습니다.

이응준 솔직하고 유익한 말씀들 고맙습니다.

문장전선 강령

우리는 어떠한 세계를 살아가고 있는가. 우리는 세기말과 종말론을 거쳐 천국과 지옥의 너머를 서성이는 21세기의 인간들이다. 이제 이념과 과학과 종교 따위는 낮과 밤이 교차할 적마다 둔갑하는 세상이라는 혼돈을 해석해줄 만한 아무런 자격도 갖추고 있지 못하다. 절망이 무감각해졌다는 것이 절망이다. 우리는 얼굴 없는 시스템의 노예로 전락한 지 오래다. 어쩌면 노예의 가장 큰 고통은 구속과 핍박이 아니라 늘 비슷한 삶 속에서 주인이 너무 자주 바뀌고 있는 것인지도 모른다. 그 종잡을 수 없는 사실을 잘 알고 있지만 그저 우울하고 무기력할 뿐이라는 혼잣말로부터 우리의 비극은 양육되듯 사육된다. 우리는 주로 극단에 위로받으며 애써 증오로 버티고, 우리 중 가장 사악한 부류는 선한 사마리아인과 애통해하는 선지자를 가장하며 미래를 오염시키고 있다. 디지털과 대중문화의 시대는 매트릭스가 구축되기에 훨씬 용이한 세계다. 이제 파시스트들은 정치에서 버젓이 나오지 않는다. 문화에서 양악수술을 하고 나온다. 이를 기반으로 악마의 시스템은 더 멀리 제 영역을 계속 넓혀나간다. 문학적 소양이 없으면 세계에 대한 분별이 불가능한 때에 오히려 우리는 문학이 몰락해버린 아이러니에 갇혀 있다. 아무거나 막 읽어댈 줄은 알아도 제대로 된 문장은 단 한 줄 쓰기는커녕 이해조차 못하는 신문맹인(新文盲人)들의 창궐은 변종 파시즘이 기생하는 최적의 숙주가 된다. 20세기를 알아야 21세기를 탐험할 수 있음은, 20세기 안에는 인류의 모든 실상과 핵심은 물론이요 21세기의 맹아가 오롯이 담겨 있어서이다. 20세기를 모르면, 21세기 내내 20세기를 아는 자들의 노예로 살아가게 될 것이다. 20세기는 문장이고, 21세기는 그 문장 안에서 부글부글 끓어오르고 있다. 예전이라고 문화사기꾼들이 없었던 것은 아니지만 오늘날의 상황이 끔찍한 것은 가짜들을 비웃어줄 수 있는 소수의 정신들마저도 아예 씨를 말려버리는 저들의 대단한 집중력과 욕망 때문이고 저들이 그러한 작업에 노예지식인들과 애완견예술가들을 심지어는 자부심에 차서 동원시키는 까닭이다. 저들의 참담한 위대함은 청년들에게까지 속물의 독성을 퍼뜨리면서도 대중이 저들을 존경하게끔 만든다는 점에 있다. 이것은 상업주의와 묘하고 치밀하게 연계돼 오리무중에 의해 방치되고 탐욕과 위선에 의해 보호받고 있다. 이 문화전체주의적 상황에 대항할 수 있는 문화무정부주의자들의 활동이 절실한 시점이다. 우리는 언제부터 이렇게 가짜들을 알아보고 비웃어주는 능력과 용기를 잃어버린 것일까? 당신들의 자유를 좌파라는 자들에게도, 우파라는 자들에게도 설계당하지 마라. 의심하라. 공부하라. 검토하라. 통찰하라. 꿈꿔라. 아무나 따라다니지 마라. 스스로에게 스스로 연대하라. 지금 우리에게 진보란 무엇인가. 무엇이 좌파이고 무엇인 우파이며 무엇이 파멸인가. 과연 누가 반동인 것인가. 해석이 끝나지 않았으니 우리의 20세기는 아직도 끝나지 않았다. 우리는 우리가 겪게 되는 소외를 통해 우리가 진짜임을 증명하며 21세기의 매일매일을 전진할 것이다. 우리는 무정하고 강력한 기계같이 아름다운 문장처럼, 가장 물질적인 유령 조직이다. 우리는 그토록 진지한 모순을 무기 삼아 세계의 맹점들을 낱낱이 섭렵해 치유할 것이다. 우리의 자유는 형용사나 부사로 변질되지 않는다. 타협 없는 우리의 자유는 오직 동사로서만 존재해, 우리는 자유할 것이다. 인간은 반드시 죽지만, 영혼이 늙지 않는 한 절대 늙지 않는다. 만국의 젊은이여, 우리가 세상을 온당하게 혁명하려면 우선 세상이 우리를 제멋대로 가지고 놀 수 없게 만들어야 한다. 사랑은 우리의 메시지이고 어두운 세계는 청춘의 문장전선(文章戰線)이다. 우리가 균열을 내면 빛은 들어오고, 벽은 무너져 내릴 것이다.

참고 문헌

자료

『독일 통일 20년과 한국의 통일대비』(KINU 학술회의총서 10-04), 통일
　　연구원, 2010.

『독일 통일 20년과 한반도 통일 비전』(KINU 학술회의총서 10-02), 통일
　　연구원, 2010.

『통계에 나타난 독일 통일 20년』, 국가정보원, 2009.

기타 문헌

김계동, 『한반도의 분단과 전쟁―민족 분열과 국제 개입·갈등』, 서울대학
　　교출판부, 2000.

김동명, 『독일 통일, 그리고 한반도의 선택―스무 살 독일, 얼마만큼 컸
　　나?』, 한울, 2010.

김영탁, 『독일 통일과 동독 재건 과정』, 한울아카데미, 1997.

김한규, 『독일 통일과 한반도―사회·경제적 이슈와 시사점』, 계명대학교
　　출판부, 2008.

듀이커, 윌리엄 J., 『호치민 평전』, 정영목 옮김, 푸른숲, 2003.

뮐러, 우베, 『대재앙 통일』, 이봉기 옮김, 문학세계사, 2006.

바이덴펠트, 베르너·코르테, 칼-루돌프 엮음, 『독일통일백서』, 임종헌·신
　　현기·백경학·배정한·최필준 옮김, 한겨레신문사, 1998.

박세일, 『선진 통일 전략』, 21세기북스, 2013.

복거일, 『복거일의 자유롭게 한 걸음』, 웅진 문학임프린트 곰, 2013.

슈미트, 헬무트, 『미래의 권력—내일의 승자와 패자들』, 나누리 옮김, 갑인공방, 2005.

신창섭, 『독일 통일과 미디어』, 평화문제연구소, 2011.

에무리, 다니엘, 『호치민』, 성기완 옮김, 시공사, 1998.

염돈재, 『올바른 통일 준비를 위한 독일 통일의 과정과 교훈』, 평화문제연구소, 2010.

윤민재, 『중도파의 민족주의 운동과 분단국가』(서울대학교 사회발전연구총서20), 서울대학교출판부, 2004.

이기식, 『독일 통일 20년』, 고려대학교출판부, 2011.

이덕형·김수정·송윤희, 『독일, 통일 이후가 문제였다—통일 독일 지식인 논쟁』, 경북대학교출판부, 2007.

이승협·이종희·전태국·빌고스, 얀·클로스, 올리버·폴만, 마르쿠스·호프만, 미하엘 , 한독사회학회 엮음, 『독일 통일과 동독 권력 엘리트—남북통일에의 함의』, 한울아카데미, 2011.

이태욱, 『두 개의 독일, 독일 통일과 경제 사회적 부담』, 삼성경제연구소, 2001.

임홍배·송태수·정병기, 『기초 자료로 본 독일 통일 20년』(서울대학교통일학연구총서 12), 서울대학교출판문화원, 2011.

정선구·문채봉, 『독일 통일과 군 간부 인력 획득』, 한국국방연구원, 2010.

정용길, 『독일 1990년 10월 3일』, 동국대학교출판부, 2009.

평화문제연구소 연구실, 『동서독 통합 20주년 독일 통일 바로 알기』, 평화

　문제연구소, 2009.

하든, 블레인,『14수용소 탈출』, 신동숙 옮김, 아산정책연구원, 2013.

한운석,『독일의 역사 화해와 역사 교육』, 신서원, 2008.

휠러, 토니,『나쁜 나라들』, 김문주 옮김, culturegraphics, 2009.

미리 쓰는
통일 대한민국에 대한
어두운 회고

1판 1쇄 찍음 2014년 5월 26일
1판 1쇄 펴냄 2014년 6월 2일

지은이 이응준
펴낸이 박상준
펴낸곳 반비

출판등록 1997. 3. 24.(제16-1444호)
(135-887) 서울시 강남구 도산대로1길 62
대표전화 515-2000, 팩시밀리 515-2007
편집부 517-4263, 팩시밀리 514-2329

ISBN 978-89-8371-669-9 03300

반비는 민음사출판그룹의 인문·교양 브랜드입니다.
블로그 http://banbi.tistory.com
페이스북 http://www.facebook.com/Banbibooks
트위터 http://twitter.com/banbibooks